SUEÑOS

Weltsprache Spanisch

TR-Verlagsunion

Sueños – Weltsprache Spanisch ist das Begleitbuch zu einer 20-teiligen Fernsehserie der BBC (Originaltitel der Serie: *Sueños – World Spanish*; produced and directed by Terry Doyle, series consultant: Derek Utley.) Produktion der deutschen Fassung: Bayerischer Rundfunk, Redaktion: Petra Reinfelder (Geisteswissenschaften und Sprachen).

Übersetzung: Juan Ramón García Ober
              Claudia Callies

Die Deutsche Bibliothek – CIP-Einheitsaufnahme
Sueños : Weltsprache Spanisch / BBC Worldwide Limited. - München : TR-Verl.-Union, 2002
  ISBN 3-8058-3533-7

Sueños © BBC Worldwide Limited

Für die deutsche Buchausgabe:

© 2002 by TR-Verlagsunion GmbH, München
Lizenzausgabe mit Genehmigung von BBC Worldwide Limited
Alle Rechte vorbehalten
Umschlaggestaltung: Wolfgang Struve, München
Gesamtherstellung: Druckerei Auer, Donauwörth
ISBN: 3-8058-3533-7

INHALT

1. El español – Die spanische Sprache 5

2. Chicas – Mädchen 12

3. Mi Buenos Aires querido – Mein geliebtes Buenos Aires 20

4. El Andaluz – Der Andalusier 27

5. Salsa 34

6. Madrid 24 horas – Madrid rund um die Uhr 40

7. ¡Bienvenidos! – Willkommen 49

8. Barrio – Stadtviertel 55

9. Fiesta 62

10. El viaje – Die Reise 67

11	Actores – Schauspieler	74
12	Románticos – Romantiker	81
13	Gaucho	88
14	El bosque – Der Wald	95
15	Conquistadores	103
16	Vascos – Basken	111
17	De moda – In Mode	118
18	'Manos del Uruguay'	125
19	El arte – Die Kunst	132
20	¡América!	139

1 EL ESPAÑOL
DIE SPANISCHE SPRACHE

Fast 400 Millionen Menschen auf der Welt sprechen Spanisch als Muttersprache. Nach Englisch ist Spanisch die am meisten verbreitete Sprache. Aussprache und Satzmelodie sind in Spanien und Lateinamerika teilweise unterschiedlich, und sogar die Wortbedeutungen stimmen nicht immer überein. Und doch sprechen alle dieselbe Sprache: Spanisch, *el español*. 400 Millionen Menschen – und jeder einzelne von ihnen hat einen Traum – *un sueño*.

MIGUEL REP:
Como sueño imposible haría cada ciudad del mundo, haría cada, viajaría por todo el mundo y dibujaría el mundo.

Mein nicht erfüllbarer Traum wäre es, jede Stadt der Welt zu bereisen, in jede ginge ich, ich würde überallhin reisen und die ganze Welt zeichnen.

LUPITA KUAN:
Entonces mi sueño, mi sueño así, es ver sobre todas las avenidas esas que se ponen tan feas en tiempo de lluvia pavimento.

Mein Traum ist es, dass all diese Straßen, die in der Regenzeit praktisch unbefahrbar sind, gepflastert werden.

JORDI MOLINER:
Nuestro sueño, bueno, era de hacer maravillas, el sueño de un arquitecto es poder construir edificios.

Unser Traum bestand darin, Wunder zu vollbringen. Ein Architekt träumt davon, Gebäude errichten zu können.

DR. ARMIDA JURADO:
Pues, yo creo que es un sueño común entre la comunidad y entre nosotros, ¿no?

Ich glaube, es gibt einen Traum, den wir mit allen Menschen teilen.

ALFREDO TOAQUIZA:
Sueños tengo igual ser líder. Me gusta ser líder por cuanto, líder quiere decir que yo quiero dar la mano.

Ich möchte ein Führer sein. Ein Führer in dem Sinne, dass ich den Menschen beistehen und helfen will.

MARIA JOSÉ LUBERTINO:
Mi sueño es ser presidenta de la nación.

Ich träume davon, Staatspräsidentin zu sein.

LUIS GUAMÁN FERNÁNDEZ:
Mi sueño – la felicidad de mi tierra, la felicidad del mundo, que no haya más guerras, que no haya más destrucción, que todos necesitamos vivir en este mundo, que todos queremos ver la belleza que éste encierra.

Mein Traum – Glück für mein Land und die ganze Welt. Es soll keine Kriege mehr geben, keine Zerstörung. Wir müssen doch alle auf dieser Welt leben und wollen alle die Schönheit sehen, die in ihr steckt.

Ciudad de México – Mexico City. Die größte Stadt der Welt, mit etwa 20 Millionen Einwohnern. Entstanden ist sie aus der aztekischen Inselstadt Tenochtitlán in der Mitte eines Sees.
Die Vorstadt Xochimilco ist einer der letzten Überreste jener alten Stadt. Mónica Patiño macht mit ihrer Familie öfter mal einen Ausflug hierher. Von Beruf ist sie Köchin – *una cocinera*.

MÓNICA PATIÑO:
¡Hola! Me llamo Mónica Patiño, vivo en la Ciudad de México, soy mexicana. Soy cocinera. Mi sueño es tener un restaurante con mi hermana Claudia.

Hallo. Ich heiße Mónica Patiño, lebe in Mexico City und bin Mexikanerin. Ich bin Köchin. Mein Traum ist es, mit meiner Schwester Claudia ein Restaurant zu betreiben.

Mónicas Schwester Claudia ist Designerin – *una diseñadora*. Sie hat den gleichen Traum wie ihre Schwester.

CLAUDIA PATIÑO:
Me llamo Claudia Patiño, soy mexicana, vivo en México DF. Soy diseñadora y mi sueño es abrir un restaurán con mi hermana Mónica.

Ich heiße Claudia Patiño, bin Mexikanerin und lebe in Mexiko DF. Ich bin Designerin, und ich träume davon, mit meiner Schwester Mónica ein Restaurant zu eröffnen.

Salamanca liegt in Kastilien im Herzen des alten Spanien. Hier pflegt und bewahrt man die spanische Sprache, die ja auch „Kastilisch" genannt wird – *el castellano*.
Die Sommerkurse der Universität von Salamanca sind auf der ganzen Welt berühmt für ihren Spanischunterricht.

Auch der Direktor, Pepe Asencio, hat einen Traum.

PEPE ASENCIO:
Mi sueño del español es que el español alcance tal punto de difusión que se convierta, como decíamos antes, en una lengua secundaria para prácticamente todo ser vivo, de tal manera que incluso siendo lengua secundaria todos podamos comunicarnos en ella y decirnos cosas en esta lengua hermosa que estoy hablando yo ahora.

Ich träume davon, dass das Spanische einen solchen Grad der Verbreitung erreicht, dass es, wie schon gesagt, für jedes menschliche Wesen zu einer Zweitsprache wird, und zwar so, dass wir alle – wenn auch nur als Zweitsprache – damit kommunizieren und uns in dieser wunderschönen Sprache, die ich jetzt gerade spreche, austauschen können.

ESTUDIANTES:

Me llamo Iko.
Soy de Japón.
Hablo tres idiomas, primero japonés, segundo inglés y tercero español.

Me llamo Julian.
Yo soy de Canadá.

Me llamo Sandrine.
Soy francesa.

Me llamo Linda. Soy de Suecia. Bueno, hablo sueco, inglés, español y un poquito de alemán.

Me llamo Steven Wheeler. Soy de San Luis Obispo, California en los Estados Unidos.

Me llamo Jacinta. Soy irlandesa. Hablo francés, inglés y español.

STUDENTEN:

Ich heiße Iko.
Ich komme aus Japan.
Ich spreche drei Sprachen, zunächst mal Japanisch, zweitens Englisch und drittens Spanisch.

Ich heiße Julian.
Ich komme aus Kanada.

Ich heiße Sandrine.
Ich bin Französin.

Ich heiße Linda. Ich komme aus Schweden. Ich spreche Schwedisch, Englisch, Spanisch und ein wenig Deutsch.

Ich heiße Steven Wheeler. Ich komme aus San Luis Obispo, Kalifornien, in den USA.

Ich heiße Jacinta. Ich bin Irin. Ich spreche Französisch, Englisch und Spanisch.

Welches Spanisch sollte man lernen?

PROFESORA:
Si vienen aquí lógicamente van a aprender el castellano de Castilla. Si van al sur van a aprender probablemente la acentuación y la entonación andaluza. Pero por la misma razón si alguien va a cualquier país hispanoamericano va a aprender el acento de allí.
Es español en todo caso, o sea que, no hay ningún problema.

LEHRERIN:
Wenn man hierher kommt, lernt man natürlich das kastilische Spanisch. Wenn man in den Süden geht, lernt man wahrscheinlich die andalusische Aussprache und Betonung. Aber aus dem gleichen Grund wird jemand, der in irgendein hispanoamerikanisches Land geht, den dortigen Akzent lernen. Auf jeden Fall lernt man Spanisch und wird nirgendwo Probleme damit haben.

PEPE ASENCIO:
De hecho yo insisto junto con la Real Academia Española en que todos debemos estar de acuerdo, en que no hay diferencias que sean notorias, en que todos tenemos que estar de acuerdo en que estamos hablando una misma lengua y esa lengua, nos guste o no nos guste, les guste o no les guste a otros, se llama español.

In der Tat pflichte ich der Königlich-Spanischen Akademie bei, dass wir uns alle einig sein sollten, dass es keine wesentlichen Unterschiede gibt, dass wir *eine* Sprache sprechen und dass diese Sprache, ob es uns oder irgendjemand anderem nun gefällt oder nicht, Spanisch heißt.

Die verschiedenen Varianten des Spanischen, die auf der Welt gesprochen werden, wurzeln alle im Kastilischen, das wiederum aus dem Lateinischen kommt und einst in dem alten Königreich Kastilien gesprochen wurde. Madrid, die Hauptstadt Spaniens, liegt im Zentrum des alten Kastilien.
Etwa 800 Jahre lang beherrschten die Mauren den größten Teil Spaniens, und dieser arabische Einfluss ist auch heute noch zu spüren, besonders in Andalusien.
In der Provinz La Mancha spielt der Roman „Don Quijote", ein Klassiker der Weltliteratur.
In Katalonien und seiner Hauptstadt Barcelona spricht man Katalanisch und Spanisch.
Genauso stolz auf ihre einzigartige Sprache und Kultur sind die Basken.
Aus der Provinz Extremadura machten sich vor 500 Jahren die *conquistadores* in die Neue Welt auf, um dort ihren Traum zu verwirklichen.

ESTEBAN CORTIJO, historiador:
Había un sueño porque si no, cuando llegan a Nueva España, llegan a las primeras islas, a las primeras colonias, se hubieran asentado de secretarios, de gobernadores, de obispos.

Y hubo muchos, como Hernán Cortés, como Pizarro, Núñez de Balboa, que siguieron hacia adelante por su propia inquietud, por su propio deseo, por su propio sueño.

ESTEBAN CORTIJO, Historiker:
Es gab einen Traum, denn sonst hätten sie sich nach der Ankunft in „Nueva España" auf den ersten Inseln, den ersten Kolonien als Beamte, Gouverneure oder Bischöfe niedergelassen.

Es gab viele, wie Hernán Cortés, Pizarro oder Núñez de Balboa, die von ihrer Rastlosigkeit und von ihren Wünschen und Träumen immer weiter getrieben wurden.

Im 15. und 16. Jahrhundert vereinnahmte die junge spanische Nation weite Teile der Neuen Welt. Ein geschichtliches Ereignis, das von einigen noch heute verurteilt, von anderen bewundert wird. Spanisch ist weiterhin die offizielle Sprache in allen 19 Republiken, die sich im 19. Jahrhundert von Spanien losgesagt haben.
Das spanischsprachige Lateinamerika – ein riesiges Land voller Kontraste. Da gibt es die argentinischen Pampas mit ihren Viehherden, die Berge und die Indio-Kultur Ecuadors, Kolumbien mit seinen Kaffeeplantagen und dem pulsierenden karibischen Leben an der Küste. In Mexiko entstand eine einzigartige Mischung aus spanischer und indianischer Kultur. Costa Rica ist stolz auf die Erhaltung seiner großartigen Landschaft. Der Biologe Carlos Alberto López arbeitet dafür, dass Flora und Fauna auch zukünftigen Generationen erhalten bleiben.

CARLOS ALBERTO LÓPEZ:
¿Qué tal? Mi nombre es Carlos Alberto López, soy costarricense y vivo en el área de San José y trabajo como guía naturalista.

Wie geht's? Mein Name ist Carlos Alberto López, ich bin Costa-Ricaner und lebe im Großraum von San José. Ich arbeite als Naturführer.

Es ist nicht leicht, Länder wie Costa Rica vor den zerstörerischen Folgen des Massentourismus zu bewahren. Dieses Problem haben viele Länder Lateinamerikas. Carlos Alberto sieht die Lösung in der Schulbildung.

CARLOS ALBERTO LÓPEZ:
Me gustaría, personalmente me gustaría tener un centro donde pudiera educar a niños de todo el mundo, tenerlos juntos, educarlos sobre las características y la importancia del bosque tropical.

Ich würde gerne ein Zentrum leiten, in dem ich Kindern aus aller Welt die Besonderheiten und die Wichtigkeit des tropischen Regenwaldes vermitteln könnte.

Jedes Jahr findet in Almagro in der zentralspanischen Provinz La Mancha ein großes Theaterfestival statt. Víctor und María, zwei junge Schauspielschüler, träumen davon, auf der Bühne Erfolge zu feiern.

MARÍA PEDREÑO:
Me llamo María Pedreño, pero mi nombre artístico es Esperanza Pedreño.

Ich heiße María Pedreño, aber mein Künstlername ist Esperanza Pedreño.

VÍCTOR JAVIER HERNÁNDEZ:
Yo me llamo Víctor Javier Hernández, pero mi nombre artístico es Víctor Hernández. Yo soy de Albacete.

Ich heiße Víctor Javier Hernández, aber mein Künstlername ist Víctor Hernández. Ich bin aus Albacete.

MARÍA PEDREÑO:
Yo tambíen soy de Albacete. Vivo aquí, en Almagro.

Ich bin auch aus Albacete. Ich lebe hier in Almagro.

VÍCTOR JAVIER HERNÁNDEZ:
Yo vivo aquí tambíen en Almagro. Yo estoy en la Escuela de Teatro Clásico de aquí, de Almagro, y quiero ser actor.

Ich lebe auch hier in Almagro. Ich besuche die hiesige klassische Theaterschule und möchte Schauspieler werden.

MARÍA PEDREÑO:
Yo tambíen estoy en esta Escuela de Teatro Clásico y tambíen quiero ser actriz. ¡Me gustaría! Mi sueño es eso, seguir haciendo teatro, que es lo que más me gusta y si no, pues poder trabajar en otra cosa que esté cercana a eso.

Ich bin ebenfalls an dieser klassischen Theaterschule und ich möchte auch Schauspielerin werden. Das würde mir gefallen! Mein Traum ist es, weiterhin Theater zu spielen, denn das mache ich am liebsten. Wenn das nicht geht, will ich in einem ähnlichen Bereich arbeiten.

Der wohl berühmteste Traum überhaupt ist der amerikanische Traum. Er ist auch zu einem spanischen Traum geworden. In den USA leben mehr als 30 Millionen Menschen mit Spanisch als Muttersprache, so genannte Hispanos. Nicht alle sprechen Englisch. Francisco Díaz, Vorsitzender der Hispanos in New York, stammt aus Puerto Rico.

FRANCISCO DÍAZ:
Bueno, el sueño mío es que los hispanos puedan tener una mejor educación para que puedan desarrollar oportunidades para las generaciones que vengan. Que sean dueños de negocios, que tengan sus propias casas, que tengan el poder de determinar su destino.

Mein Traum ist es, dass die Hispanos eine bessere Schulbildung bekommen, damit die nachfolgenden Generationen einmal bessere Chancen haben. Damit sie Geschäfte und eigene Häuser besitzen und in der Lage sind, über ihr Schicksal zu entscheiden.

Welche Sprache wird in Zukunft am wichtigsten sein?

FRANCISCO DÍAZ:
Bueno, si mi abuela estuviera aquí, yo le diría a usted que es el español, pero como ella no está aquí, yo le digo que hay que aprender el inglés porque en este sistema americano el inglés es el primer idioma, pero el español como dice mi abuela va a ser algún día el idioma número uno.

Wenn meine Großmutter hier wäre, würde ich Ihnen sagen, dass das Spanisch ist. Aber da sie nicht da ist, sage ich, dass man Englisch lernen muss, denn hier in Amerika ist nun mal Englisch die wichtigste Sprache. Wie meine Großmutter sagt, wird aber Spanisch eines Tages die Nummer eins sein.

Eines ist sicher: Für Millionen Menschen auf dieser Erde wird die Sprache der Zukunft auch weiterhin Spanisch bleiben – *el español*.

2 CHICAS
MÄDCHEN

Mexico City – *Ciudad de México*. Die größte Stadt der Welt, mit über 20 Millionen Einwohnern. Fast alle haben einen Traum – *un sueño*.

HOMBRE 1:
Bueno, mi sueño es tener mucho dinero y ser magnate.

MANN 1:
Mein Traum ist es, viel Geld zu haben und Industrieboss zu sein.

MUJER 1:
Mi sueño ... llegar a ser una de las mejores periodistas de México.

FRAU 1:
Mein Traum – ich möchte eine der besten Journalistinnen Mexikos werden.

HOMBRE 2:
Mi sueño es vivir para ver crecer a mis hijos.

MANN 2:
Mein Traum ist es zu leben, um meine Kinder heranwachsen zu sehen.

MUJER 2:
Mi sueño ... casarme.

FRAU 2:
Mein Traum ... heiraten!

HOMBRE 3:
Mi sueño pues, realizarme en mi esposa, mis hijos y mi familia.

MANN 3:
Mein Traum besteht einfach darin, Erfüllung zu finden mit meiner Frau, meinen Kindern und meiner Familie.

Televisa ist der größte und wichtigste Fernsehsender Mexikos. Und eine der bedeutendsten Traumfabriken in ganz Lateinamerika. Televisa hat sich auf die Produktion von Seifenopern spezialisiert, die so genannten *telenovelas*. Außerdem hat Televisa eine eigene Schauspielschule, in der junge Schauspieler von künftigem Ruhm träumen können. Anaís Jiménez besucht die Abschlussklasse. Sie möchte ein Star werden.

ANA ISABEL JIMÉNEZ:
¡Hola! Me llamo Anaís. Tengo 19 años. Soy mexicana y vivo aquí en México. Mi sueño es ser una gran estrella.

Hallo! Ich heiße Anaís und bin 19 Jahre alt. Ich bin Mexikanerin und lebe hier in Mexiko. Mein Traum ist es, ein großer Filmstar zu sein.

Aber auch zukünftige Filmstars müssen hart arbeiten, so wie Anaís, Hannah, Adriana und Alejandra.

HANNAH RALUY ZIEROLD:
¡Hola! Soy Hannah. Soy mexicana, vivo en la Ciudad de México. Tengo 23 años. Soy actriz y mi sueño es ser una gran actriz internacional.

Hallo. Ich bin Hannah. Ich bin Mexikanerin und lebe in Mexico City. Ich bin 23 Jahre alt, Schauspielerin und möchte in diesem Beruf international berühmt werden.

ADRIANA LARRAÑAGA CARBAJAL:
¡Hola! Soy Adriana. Soy mexicana, vivo en la Ciudad de México. Tengo 17 años. Soy actriz y mi sueño es ser una gran estrella.

Hallo. Ich bin Adriana, bin Mexikanerin und lebe in Mexico City. Ich bin 17, Schauspielerin und möchte ein großer Filmstar werden.

ALEJANDRA ALATORRE:
¡Hola! Me llamo Alejandra. Soy mexicana, vivo en la Ciudad de México. Tengo 19 años y soy actriz. Mi sueño es ser una gran actriz de cine ... y una gran cantante.

Hallo. Ich heiße Alejandra. Ich bin Mexikanerin und lebe in Mexico City. Ich bin 19 Jahre und von Beruf Schauspielerin. Mein Traum ist es, eine große Filmschauspielerin zu sein ... und eine große Sängerin.

Wer könnte die Träume der vier Mädchen besser verstehen als Eugenio Cobo, der Leiter der Schauspielschule.

EUGENIO COBO:
Yo pienso que el sueño es ser estrellas. Aquí tratamos de decirles que para llegar a eso hay un recorrido muy largo, muy difícil. Pero el sueño es definitivamente ser estrellas. ¿Qué es ser una estrella para un estudiante, para un joven? Es destacar como actor, ganar dinero, tener autos. Nosotros tratamos de ubicarlos un poquito más en la realidad, pero el sueño sería ése.

Ich denke, ihr Traum besteht darin, ein Star zu werden. Hier versuchen wir zu vermitteln, dass der Weg dorthin lang und schwer ist. Aber der Traum ist definitiv, ein Star zu sein. Was verbinden die Studenten, die jungen Leute mit dem Begriff Star? Für sie bedeutet das, ein großer Schauspieler zu sein, viel Geld zu verdienen, große Autos zu fahren. Wir versuchen, sie ein wenig mehr auf den Boden der Realität zu bringen, aber es ist ihr Traum.

SALVADOR SÁNCHEZ:
Se les pide, se les busca escenas donde lloren, escenas donde el texto sea rápido, escenas de amor támbien. Se les trata de forzar un poco al trabajo que van hacer allá abajo. A que no digan 'no'. 'Vas a llorar' ... 'Es que no puedo'. 'No, sí que puedo porque ya aprendí a llorar', ¿no?

Wir geben ihnen Szenen, in denen sie weinen müssen, Szenen mit schnellen Dialogen, auch Liebesszenen. Wir wollen sie ein bisschen unter Druck setzen, um sie auf die Arbeit da draußen vorzubereiten. Damit sie, wenn es heißt „Weine!", nicht sagen: „Nein, ich kann nicht!", sondern: „Ich *kann*. Ich habe es gelernt."

Bei Televisa bleibt keine Zeit, um Texte zu lernen.

SALVADOR SÁNCHEZ:
Se les da una lectura, se les da el libreto antes, se enteran de qué escena es, en qué consiste la escena. Se les pone el aparato, es el apuntador electrónico, es un transmisor, es un receptor, básicamente es un receptor.
Hay una cabina donde les están diciendo todo. Porque el apuntador, el que les está apuntando, está viendo el ensayo, y está viendo movimientos, todos los textos. Así se hace.

Wir geben ihnen vorher das Skript, damit sie sich mit der Szene vertraut machen und wissen, was darin vorkommt. Wir legen ihnen kleine Ohrhörer an, elektronische Souffleusen sozusagen. Im Grunde ist das hier einfach ein Empfangsgerät.
In einer Kabine sitzen Leute, die ihnen die Texte einflüstern. Der Souffleur sieht ja die Probe, die Bewegungen und alle Texte. So geht das.

Básicamente en esta empresa donde hacer una novela se lleva entre cinco, cuatro meses, son 200 capítulos que se hacen en cinco meses. Entonces lo que se tiene que hacer de tiempo efectivo al aire, son 45 minutos diarios, de nueve de la mañana a nueve de la noche, mínimo 45 minutos. Entonces los actores no pueden aprender de memoria 25 escenas. Es imposible.

Wir drehen hier eine *telenovela* in vier bis fünf Monaten ab, das sind 200 Folgen in fünf Monaten. Das heißt, pro Tag, von neun Uhr morgens bis neun Uhr abends, müssen 45 Minuten reine Sendezeit hergestellt werden. Mindestens 45 Minuten. Die Schauspieler können aber nicht 25 Szenen auswendig lernen. Das ist unmöglich.

Es ist nicht leicht, hier überhaupt einen Ausbildungsplatz zu bekommen.

ALEJANDRA ALATORRE:
Pues es muy difícil porque viene mucha gente. Pero, pues yo creo que es algo que traemos dentro, ¿no? el ángel, ¿no? No sé. Y este, pues sí es un poco difícil, ¿no?, el que te pongan a improvisar ya en un foro casi profesional con cámaras y todo.

ANA ISABEL JIMÉNEZ:
Bueno, mi forma de entrar fue muy diferente a todas las demás porque de donde yo soy, de allá en mi estado, allá se hizo un concurso, es un concurso de belleza, pero el premio era venir aquí a Televisa a estudiar.

ADRIANA LARRAÑAGA CARBAJAL:
Yo entré a los 12 años a juvenil, porque me enteré por mi cuñado que, que había para niños más chiquitos. Entonces yo encantada dije: 'no, yo quiero ir'. Y me hicieron audicionar un comercial.

HANNAH RALUY ZIEROLD:
Para mí, un amigo de mi mamá fue quien nos dijo de la escuela. Entonces él me consiguió una cita con el director de aquí de la escuela, con el señor Cobo. Vine a hablar con él, él me dio la solicitud, la llené y en diciembre me llamaron que ya quedaba aceptada. Y entonces aquí estoy.

Es ist ziemlich schwierig, weil es so viele Bewerber gibt. Aber ich denke, dass dies etwas ist, das wir in uns tragen, etwas ganz Besonderes, oder? Ich weiß es nicht. Und es ist ganz schön schwierig, dass sie einen gleich in einem richtigen Studio improvisieren lassen, mit Kameras und allem Drum und Dran.

Ich bin auf andere Weise als alle übrigen hier reingekommen. In dem Bundesstaat, aus dem ich komme, wurde ein Wettbewerb veranstaltet, ein Schönheitswettbewerb, und der Preis war die Aufnahme in die Schule von Televisa.

Ich bin schon mit 12 in die Jugendklasse gekommen. Mein Schwager hatte mir erzählt, dass es auch Plätze für Kinder gibt. Und ich habe ganz begeistert gesagt: „Da möchte ich hin." Dann durfte ich gleich Probeaufnahmen für einen Werbespot machen.

Bei mir war es ein Freund meiner Mutter, der uns von der Schule erzählte. Er vermittelte mir ein Gespräch beim Direktor der Schule, Herrn Cobo. Ich kam hierher, sprach mit ihm und am Ende gab er mir ein Aufnahmeformular, das ich ausfüllte. Im Dezember riefen sie mich dann an und sagten mir, dass ich angenommen wurde. Und da bin ich nun!

Um als *Chica Televisa*, also als Televisa-Mädchen, Erfolg zu haben, muss man genau wissen, was man will.

HANNAH RALUY ZIEROLD:
Quisiera trabajar, bueno primero en Televisa, espero así tener mucho trabajo aquí, y después, bueno en teatro … y me gustaría algun día ir a Hollywood.

Ich möchte zunächst für Televisa arbeiten und hoffe, dass es hier viel Arbeit für mich gibt. Und danach zum Theater … und eines Tages würde ich gerne nach Hollywood gehen.

ADRIANA LARRAÑAGA CARBAJAL:
Quiero ser una gran artista, quiero cantar, quiero bailar, actuar; pero todo hacerlo muy preparada y muy bien documentada.

Ich möchte eine große Künstlerin werden, will singen, tanzen, spielen; aber alles mit einer richtig guten Ausbildung im Rücken.

ANA ISABEL JIMÉNEZ:
Quiero trabajar aquí en Televisa haciendo novelas y después quiero empezar a hacer teatro y si es posible cantar. Quiero viajar por todo el mundo, quiero conocer todas las culturas, todos los países y mucha gente.

Ich möchte hier bei Televisa arbeiten und *novelas* drehen. Danach will ich anfangen, Theater zu spielen und wenn möglich auch zu singen. Ich möchte gerne die ganze Welt bereisen, alle Kulturen und Länder und viele Menschen kennen lernen.

ALEJANDRA ALATORRE:
Quiero vivir aquí en la Ciudad de México, me gusta mucho mi ciudad. Quiero ser una gran actriz de cine y una gran cantante.

Ich möchte hier in Mexico City leben, ich mag meine Stadt sehr. Ich möchte eine große Filmschauspielerin und Sängerin werden.

Sechs Monate später. Alejandra hat die Schule abgebrochen und ihren Traum aufgegeben. Anaís dagegen hatte Erfolg – sie bekam eine Hauptrolle in einer *telenovela*!

ANA ISABEL JIMÉNEZ:
En los últimos seis meses en mi vida profesional me ha sucedido algo maravilloso. Me acaban de dar mi telenovela, tengo un papel co-estelar.

In den letzten sechs Monaten hat sich in meinem Berufsleben etwas Wunderbares ereignet. Man hat mir gerade eine Rolle in einer *telenovela* gegeben, ich habe eine der Hauptrollen.

Anaís tritt in die Fußstapfen einer anderen erfolgreichen Absolventin der Televisa-Schule, Gabriela Platas.

GABRIELA PLATAS AREGUÍN:
Me llamo Gabriela Platas Areguín. Vivo en la Ciudad de México y soy de la Ciudad de México, y soy actriz.

Ich heiße Gabriela Platas Areguín. Ich lebe in und komme aus Mexico City und bin Schauspielerin.

Gabriela Platas ist inzwischen ein bekannter Star. Aber sie hat noch größere Pläne.

GABRIELA PLATAS AREGUÍN:
Mi sueño es seguir en lo mismo que estoy haciendo nada más que en más. Quiero hacer teatro, más televisión. O sea en lo mismo que estoy pero extenderme.

Mein Traum ist es, so weiterzumachen, aber noch mehr zu arbeiten. Ich möchte Theater spielen und mehr Fernsehen machen. Also das fortsetzen, was ich bereits tue, aber in noch größerem Rahmen.

Auch Anaís ist auf dem besten Wege, ein Star zu werden.

EUGENIO COBO:
El camino de Anaís es un camino que empieza por un concurso de belleza y finalmente pues le tocó este, a ella la suerte – porque es suerte, el actor necesita tener mucha suerte en la vida – de ser elegida. Es un personaje importante para empezar su carrera.

Entonces lleva un paso, pues de los pasos que llevan las estrellas a veces, ¿no?, empezar por un personaje bastante importante. Adriana es una muchacha muy joven. Hannah es, creo que un año o dos años, tres años mayor que Adriana.

Der Weg von Anaís begann mit einem Schönheitswettbewerb und letztendlich hatte sie das Glück, ausgewählt zu werden. Es war Glück, denn jeder Schauspieler braucht viel Glück in seinem Leben. Das ist eine wichtige Rolle für ihren Karrierestart.

Sie hat also einen Schritt gemacht, den Filmstars manchmal am Anfang tun, nämlich eine ziemlich wichtige Rolle zu spielen. Adriana ist ein sehr junges Mädchen. Hannah ist, glaube ich, ein, zwei oder drei Jahre älter.

Yo no puedo prever ningún futuro. Sé que son dos muchachas con mucha fuerza y creo que estarán el año próximo peleándose por encontrar un personaje ... luchando con la vida por tener la suerte de encontrar un personaje.

Yo tengo la certeza que el productor que encuentre a alguna de ellas va a quedar muy bien correspondido, muy bien servido porque son muy buenas actrices.

Ich kann die Zukunft nicht voraussagen. Ich weiß, dass beide sehr starke Persönlichkeiten sind, und nächstes Jahr werden sie sich wahrscheinlich um eine Rolle streiten und um das Glück kämpfen, eine Rolle zu bekommen.

Ich bin mir sicher, dass der Produzent, der eine von beiden entdeckt, viel zurückbekommen und sehr zufrieden sein wird, denn beide sind gute Schauspielerinnen.

Hannah zu Hause mit ihren Freunden.

Hannah: Pati, ¿cómo estás?
Pati: Bien, ¿y tú?
Hannah: ¿Estás tomando algo?
Pati: Sí, tequila.

Hannah: Pati, wie geht es dir?
Pati: Gut, und dir?
Hannah: Trinkst du etwas?
Pati: Ja, einen Tequila.

Hannah: Te presento a Luis Javier.
Pati: ¡Hola!
Luis Javier: ¿Qué tal Pati?
Pati: Mucho gusto.
Luis Javier: Encantado.

Hannah: Das ist Luis Javier.
Pati: Hallo!
Luis Javier: Wie geht's, Pati?
Pati: Sehr erfreut.
Luis Javier: Angenehm.

Hannah: Te presento a Gabriel.
Gabriel: ¡Hola!
Pati: ¡Hola!
Gabriel: Mucho gusto.
Pati: Igualmente.

Hannah: Das ist Gabriel.
Gabriel: Hallo!
Pati: Hallo!
Gabriel: Sehr erfreut.
Pati: Ebenfalls.

Hannah: ¿Ustedes están bien con sus cervezas? ...
Pues, bebamos un poco.
Vamos a brindar por Anaís ..., ¿sí? ...
... porque va a ser una estrella!

Hannah: Seid Ihr gut versorgt mit Euren Bieren?
Gut, lasst uns trinken.
Lasst uns auf Anaís anstoßen, einverstanden? ...
... denn sie wird bald ein Star sein.

Hannah, Adriana und Anaís erzählen uns noch einmal ihre Träume …

HANNAH RALUY ZIEROLD:
Yo quiero ser una estrella en el futuro, ser muy exitosa y después poderme ir a algún sitio a trabajar.

Ich möchte ein Star sein, großen Erfolg haben und dann irgendwo anders hingehen, um zu arbeiten.

ADRIANA LARRAÑAGA CARBAJAL:
Mi sueño es ser una actriz reconocida y también quiero cantar.

Mein Traum ist es, eine anerkannte Schauspielerin zu werden und singen möchte ich auch.

ANA ISABEL JIMÉNEZ:
Todavía quiero ser una estrella y quiero triunfar. Espero tener mucho éxito con esta telenovela que voy a empezar. Y quiero hacer cine, quiero ser una estrella de cine.

Ich möchte immer noch ein Star werden und Triumphe feiern. Ich hoffe, dass ich mit dieser *telenovela*, die ich jetzt beginne, viel Erfolg haben werde. Und später will ich zum Film und ein richtiger Kinostar werden.

3 MI BUENOS AIRES QUERIDO
MEIN GELIEBTES BUENOS AIRES

Buenos Aires. La capital de Argentina. Es una ciudad muy grande. Tambíen es una ciudad muy linda. Hay muchas plazas, avenidas grandes y anchas, calles estrechas, parques bonitos. Hay muchos edificios antiguos y modernos. Buenos Aires tiene museos y monumentos históricos de todo tipo.
¡Buenos Aires tiene también muchos cafés!

Buenos Aires. Die Hauptstadt Argentiniens. Eine große und eine sehr schöne Stadt. Es gibt viele Plätze, breite Prachtstraßen, enge Straßen, wunderschöne Parks. Es gibt viele alte und moderne Gebäude. Buenos Aires hat die verschiedensten Museen und Denkmäler.
Buenos Aires hat auch viele Cafés!

Die *porteños,* die Einwohner von Buenos Aires, sitzen sehr gerne im Café. Hier studieren und arbeiten sie, ruhen sich aus und lassen die Welt an sich vorbeiziehen.

MIGUEL REP:
Mi nombre es Miguel Rep. Soy argentino. Vivo en Buenos Aires, y soy dibujante y humorista.

Mein Name ist Miguel Rep. Ich bin Argentinier und lebe in Buenos Aires. Von Beruf bin ich Zeichner und Humorist.

Miguel Rep ist einer der bekanntesten Karikaturisten Argentiniens. Er verbringt viel Zeit in Cafés. Miguel hat zu Buenos Aires und seinen einzelnen Stadtvierteln, den *barrios,* ein ganz spezielles Verhältnis.

MIGUEL REP:
Mi Buenos Aires es un Buenos Aires que no tiene que ver con el tango. Mi Buenos Aires es mi Buenos Aires querido pero también es mi Buenos Aires odiado, porque Buenos Aires para mí es como mi cuerpo, es como la gente que quiero: que la quiero y que la odio.

Mein Buenos Aires hat mit dem Tango nichts zu tun. Mein Buenos Aires ist mein geliebtes, aber auch verhasstes Buenos Aires, denn für mich ist Buenos Aires wie mein Körper, wie Menschen, die ich mag: Ich liebe sie und ich hasse sie.

Mi Buenos Aires, la que yo observo, es una Buenos Aires solemne, bastante solemne, y por eso me gusta hacer humor con ella, porque mi humor, este, reacciona ante lo solemne.	Das Buenos Aires, das ich beobachte, ist ein recht förmliches Buenos Aires, und gerade deshalb mache ich mich so gerne lustig darüber. Mein Humor ist die Antwort auf den Ernst und die Förmlichkeit.

Doch nicht nur Miguel Rep sagt der Steifheit von Buenos Aires den Kampf an.

CECILIA BARAZ:

Mi nombre es Cecilia Baraz. Soy argentina, tengo 26 años, y bueno, soy de Buenos Aires. Soy cantante y compositora.	Ich heiße Cecilia Baraz. Ich bin Argentinierin, 26 Jahre alt und aus Buenos Aires. Ich bin Sängerin und Komponistin.

Wie Miguel stammt auch Cecilia aus dem Stadtviertel Boedo.

CECILIA BARAZ:

Bueno, el barrio de Boedo es un barrio con mucha historia. Tiene toda una magia tangera alrededor de él. Así que es un barrio muy hermoso que sobre todo conserva su tradición.	Boedo ist ein Viertel mit viel Geschichte. Es ist von der Magie des Tangos durchwoben. Es ist ein sehr schönes Viertel, das vor allem seine Tradition bewahrt.
Hay bares donde se baila tango, donde se escucha tango. Hay mucha poesía porque es un barrio muy bohemio.	Es gibt Bars, in denen man Tango tanzt und Tangomusik hört. Hier ist alles voller Poesie, weil dies ein sehr unkonventionelles Viertel ist.
Me gusta la sensualidad que tiene el tango, es una música muy sensual, y eso me engancha. Y después, me gusta el tango porque mi papá era cantante de tangos, y yo me crié escuchando esa música, entonces me gusta.	Mir gefällt die Sinnlichkeit des Tangos, es ist eine sehr sinnliche Musik und deshalb bin ich in seinem Bann. Und außerdem mag ich den Tango, weil mein Vater Tango-Sänger war und ich wuchs mit dieser Musik auf, deshalb mag ich sie.

MIGUEL REP:
Y yo creo que el tango es un cliché, pero creo que es una parte de los argentinos. No es mi parte, pues yo detesto el tango, odio el tango.

Odio el tango como sentimiento, como sentimiento de frustración, como sentimiento de fracaso permanente y justificación del fracaso.

Odio el tango porque es melancólico y no es triste. A mí me gusta la tristeza pero no la melancolía.

Ich denke, dass der Tango ein Klischee ist, aber er gehört zu den Argentiniern. Für mich gilt das nicht, denn ich verabscheue den Tango, ich hasse den Tango.

Ich hasse ihn als Gefühl, als Gefühl der Frustration, als Gefühl des permanenten Versagens und der Rechtfertigung dieses Versagens.

Ich hasse ihn, weil er melancholisch und nicht traurig ist. Ich mag die Traurigkeit, nicht aber die Melancholie.

Die Argentinier definieren sich auch über ihre öffentlichen Gebäude. Die Plaza de Mayo ist das Herz der Stadt und hat für Miguel Rep eine ganz besondere Bedeutung.

MIGUEL REP:
Lo que me interesa de Plaza de Mayo es que ahí pasa toda la historia, la historia central, la historia oficial argentina pasa por ahí, desde la independencia en 1810, hasta las Malvinas, hasta el advenimiento de la democracia.

Todo pasa por ahí, y hasta pasa una cosa marginal dentro de la historia oficial argentina que son las madres de Plaza de Mayo, la reivindicación por la aparición con vida de los desaparecidos, ¿no?

Was ich an der Plaza de Mayo so interessant finde ist, dass hier sozusagen die gesamte offizielle Geschichte Argentiniens vorbeikam, von der Unabhängigkeit im Jahr 1810 bis zum Krieg um die Falklandinseln und dem Beginn der Demokratie.

Alles spielt sich dort ab, auch diese „Randnotiz" der offiziellen Geschichte Argentiniens: die Mütter der Plaza de Mayo, die hier für die Rückkehr der „Verschwundenen" demonstrieren.

Die Mütter der Verschwundenen ziehen seit 20 Jahren um die Pyramide der Plaza de Mayo.

Im Stadtzentrum liegt der Friedhof von Recoleta.

MIGUEL REP:
El cementerio de Recoleta no me gusta porque no me gusta ningún cementerio, y menos el de Recoleta que no tiene nada que ver con lo que es este país.

Lo que me gusta del cementerio ése son ciertos ángeles. Porque me gustan los ángeles en realidad. Creo que es un dato etéreo dentro de lo pesado que es ese cementerio. Me gustan los ángeles en general.

Luego no me gustan los militares, no me gustan los patriotas ... no me gusta esa gente tan solemne, prohombres de la patria, porque no me interesa la patria.

Cuando hice este libro 'Los Barrios', yo medio descubrí bastante de Buenos Aires, creo que antes no la conocía.

A mí me sirvió mucho este libro, hacer este libro de estos barrios, porque aprendí un montón de cosas del barrio y obviamente de mí mismo, de mi propia forma de ser, ¿no?

Es una ciudad muy curiosa, es una ciudad muy escondida, es una ciudad que todavía no explotó, que todavía no salió a la luz, es una ciudad, este, que está durmiendo la siesta.

Den Recoleta-Friedhof mag ich nicht, weil ich überhaupt keine Friedhöfe mag und den von Recoleta erst recht nicht, weil er überhaupt nichts mit diesem Land zu tun hat.

Das Einzige, was mir an diesem Friedhof gefällt, sind einige Engel. Weil ich Engel auch sonst gerne habe. Diese ätherischen Wesen lockern die Schwere des Friedhofes etwas auf. Ich mag Engel ganz allgemein.

Und ich mag überhaupt nicht das Militär, die Patrioten, diese so majestätischen, vom „Vaterland" so hoch angesehenen Männer. „Vaterland" sagt mir nichts.

Erst als ich mein Buch „Los Barrios" schrieb, entdeckte ich vieles von Buenos Aires. Ich glaube, davor kannte ich diese Stadt noch gar nicht.

Es war sehr wichtig für mich, dieses Buch über die *barrios* zu schreiben, weil ich eine Menge dazugelernt habe, über die *barrios* und offensichtlich über mich selbst, über meine eigene Art zu sein.

Buenos Aires ist eine sehr merkwürdige Stadt, eine sehr verborgene Stadt, eine Stadt, die noch nicht aus sich herausgegangen ist, die noch nicht ans Licht gekommen ist. Eine Stadt, die permanent Siesta hält.

SILVIA ALDEROQUI:
Me llamo Silvia, soy argentina, vivo en Buenos Aires y soy pedagoga.

Ich heiße Silvia, ich bin Argentinierin. Ich wohne in Buenos Aires und bin Lehrerin.

Silvia Alderoqui schreibt Schulbücher, um Kindern die Geschichte und die Geografie der Stadt näher zu bringen. Sie erklärt uns und ihren Schülern, dass das Zentrum von Buenos Aires nicht in der Mitte der Stadt liegt.

SILVIA ALDEROQUI:
Miren, la ciudad se fundó cerca del río, ¿sí? Al lado del río. Antes el río llegaba todavía donde hoy hay calles. Acá vemos parte de los depósitos, las grúas, los barcos.

Schaut mal, die Stadt wurde nahe am Fluss gegründet, neben dem Fluss. Früher reichte der Fluss bis dahin, wo heute die Straßen verlaufen. Hier können wir Lagerhäuser, Kräne und Schiffe sehen.

El centro de la ciudad no está en el medio, sino que está cerca del río que es donde se fundó la ciudad del Río de la Plata.

Das eigentliche Zentrum liegt also nicht in der Mitte der Stadt, sondern nahe am Fluss, wo die Stadt am Río de la Plata gegründet wurde.

Para mí Buenos Aires es una ciudad en construcción todavía. No es una ciudad que tenga todo resuelto, tiene problemas como todas las grandes ciudades.

Für mich ist Buenos Aires eine Stadt, die noch im Bau ist. In dieser Stadt gibt es viele ungelöste Probleme, so wie in allen Großstädten.

Tiene hermosos lugares y lugares no tan lindos en los cuales habría que de verdad hacer cosas para mejorarlos. Pero sobre todo tiene estas cosas incompletas que permiten que uno pueda seguir siendo actor de ella.

Es gibt schöne Ecken und weniger schöne, in denen einiges im Argen liegt. Aber vor allem ist so vieles noch unvollständig, und so ist es möglich, dass jeder an der Gestaltung weiterhin mitwirken kann.

Ahora estamos en la Plaza San Martín que tiene la estatua de San Martín. San Martín es el prócer más

Jetzt sind wir auf der Plaza San Martín, auf der die Statue von San Martín steht. San Martín ist die wichtigste

importante de la Argentina, porque libertó Argentina, Chile y Perú.	Person in der argentinischen Geschichte, denn er hat Argentinien, Chile und Peru befreit.
Esta plaza es como si fuera el centro de una circunferencia y tenemos ahí palacios, que es donde vivía la gente que tenía mucho dinero.	Dieser Platz ist wie der Mittelpunkt eines Kreises. In den Palästen dort lebten einst die Menschen, die sehr viel Geld hatten.
Por esa otra parte hay una avenida comercial donde hay muchos negocios. En esa otra parte es la zona de los bancos.	Dort drüben ist eine Einkaufsstraße mit vielen Geschäften. Und da befindet sich das Bankenviertel.

Das am meisten besuchte Stadtviertel von Buenos Aires ist wahrscheinlich La Boca. Seit der großen Einwanderungswelle aus Europa in den 30er Jahren des 20. Jahrhunderts ist La Boca traditionell das Künstlerviertel.

MIGUEL REP:

Del barrio de la Boca me interesa casi todo. El barrio de la Boca es un barrio humilde, es un barrio que se ha hecho con inmigrantes italianos y se han quedado ahí.	An La Boca interessiert mich fast alles. Es ist ein armes Viertel, ein Viertel, das einst von italienischen Immigranten gegründet wurde, und die dort geblieben sind.
Es un barrio fácilmente inundable, es un barrio muy castigado, pero es un barrio con mucho folklore.	Hier gibt es oft Überschwemmungen und alles ist ziemlich heruntergekommen, aber es ist ein Viertel voller Folklore.
Lo que tiene de bueno es eso, que tiene mucho folklore, que es muy auténtico, pero lo que tiene de malo es el olor.	Das Schöne ist, dass es hier viel Folklore gibt, dass alles sehr authentisch ist. Weniger schön allerdings ist der Gestank.

Für Miguel Rep ist Buenos Aires eine Stadt der Gegensätze.

MIGUEL REP:
Buenos Aires es afectiva.
Buenos Aires es linda y Buenos
Aires es fea.

Y Buenos Aires como un
cuarto dato es muy linda de
dibujar, es muy linda de
dibujar porque tiene muchas
zonas, muchas tribus. Por eso
yo no puedo hablar de un
porteño tipo.

Buenos Aires ist gefühlvoll.
Buenos Aires ist schön und
Buenos Aires ist hässlich.

Und viertens ist Buenos Aires
sehr schön zu zeichnen.
Es ist schön zu zeichnen,
weil es vielfältig ist und viele
„Stämme" hat. Deshalb kann
ich nicht von einem typischen
porteño sprechen.

Es gibt wohl kaum eine Ecke von Buenos Aires, die Miguel Rep noch nicht gezeichnet hat. Hat er noch Träume?

MIGUEL REP:
Como sueño imposible haría
cada ciudad del mundo, haría
cada, viajaría por todo el
mundo y dibujaría el mundo.

Dibujaría las ciudades y
dibujaría la mayor cantidad de
pueblos posible. Pero no creo
que me alcance la vida
Ese es mi sueño.

Mein nicht erfüllbarer Traum
wäre es, jede Stadt der Welt zu
bereisen, in jede ginge ich, ich
würde überallhin reisen und die
ganze Welt zeichnen.

Ich würde die Städte zeichnen
und so viele Dörfer wie irgend
möglich. Aber ich glaube, dafür
lebe ich nicht lang genug.
Das ist mein Traum.

4 EL ANDALUZ
DER ANDALUSIER

Andalusien, der Süden Spaniens. Manuel Falces stammt aus Almería an der Ostküste Andalusiens. Sein Traum ist es, Bilder von Andalusien einzufangen und festzuhalten, bevor sie für immer verschwunden sind. Das Wesen Andalusiens liegt für Manuel in den Menschen und ihren Werten.

MANUEL FALCES:

Me llamo Manuel, soy fotógrafo, vivo en Almería, soy andaluz. Mi sueño es crear el Centro Andaluz de la Fotografía.

Ich heiße Manuel. Ich bin Fotograf, lebe in Almería, ich bin Andalusier. Mein Traum ist es, das andalusische Zentrum für Fotografie zu gründen.

Normalmente mis fotos son casi todo escenarios, básicamente de Andalucía y especialmente de Almería, mi tierra ... que es una tierra de contrastes, ¿no?, donde está el mar y está el desierto, ¿no?, donde está lo verde y está la acritud de una montaña.

Ich fotografiere hauptsächlich andalusische Szenen, meist in Almería, meiner Heimat, einer Heimat voller Kontraste, mit Meer und Wüste, mit grünen Wiesen und kargen Bergen.

Y en estos escenarios puede ampliar la gente, la gente con la que me encuentro, ¿no?, y con las que muchas veces son el contrapunto de esos escenarios.

Und in dieser Umgebung können sich die Menschen entfalten, die Menschen, die ich treffe und die sehr oft den Kontrast zu dieser Szenerie bilden.

Más bien fundamentalmente son valores, ¿no?, los valores de la hospitalidad de las personas, habitualmente ... el talante, la amabilidad, la cordialidad, ¿no?, la fraternidad en el sentido. Luego el carácter mediterráneo.

Die Werte sind die Grundlage von allem. Gewöhnlich sind es Werte wie die Gastfreundschaft der Menschen, gute Laune, Liebenswürdigkeit, Herzlichkeit, Kameradschaft und solche Dinge. Und dann der mediterrane Charakter.

Aquí se habla, se habla mucho, y se habla en la calle, se habla en la esquina. Y básicamente esto es lo que más me gusta de Andalucía.

Hier redet man viel, auf der Straße, an der Ecke. Das gefällt mir an Andalusien am besten.

In Granada möchte Manuel ein Weltwunder fotografieren – die Alhambra.
Die Alhambra ist das Juwel in der Krone Andalusiens. Sie ist das vielleicht
schönste Zeugnis der arabischen Herrschaft über Südspanien.
Für Manuel repräsentiert sie die Raffinesse und Komplexität seines eigenen,
ganz persönlichen Stils der Fotografie.

MANUEL FALCES:
Yo creo que, que la fotografía
es como una especie de
poliedro que tiene infinitas
caras, y cada cara es un
espejo, y en cada espejo
se refleja una realidad
distinta.

Ich denke, die Fotografie ist
wie eine Art Polyeder mit
unendlich vielen Gesichtern;
jedes Gesicht ist ein Spiegel,
und jeder Spiegel reflektiert
eine andere Wirklichkeit.

Por un lado está la realidad
de los signos de la memoria.
La fotografía en definitiva
lo que hace es captar la ...,
es un signo, una evidencia
de esa memoria, y deja
documentos, documentos
de, bueno de lo que está
ocurriendo y va a desaparecer,
¿no?

Auf der einen Seite gibt es
die Realität der Erinnerung.
Die Fotografie fängt Zeichen,
Beweise für Erinnerungen
ein ... und dokumentiert,
was geschieht und was
wieder verschwinden wird.

Manuel hat sich vorgenommen, andalusische Traditionen im Bild festzuhalten, bevor sie eines Tages ganz aussterben.

MANUEL FALCES:
Normalmente, la artesanía
tradicional es múltiple,
pero básicamente es la
cerámica.

Normalerweise ist das
traditionelle Kunsthandwerk sehr vielfältig,
aber die Grundlage ist
die Töpferkunst.

A mí personalmente la
cerámica que más me gusta
es la que toma unas formas
clásicas, ¿no? Pero sí me
gusta que evolucione hacia
un arte contemporáneo.

Ich persönlich mag am
liebsten die klassischen
Formen der Keramik.
Sie soll aber schon auch
zu einer zeitgenössischen
Kunst werden.

Otro tipo de artesanía por supuesto es la de los telares, las jarapas, ¿no?, que hacen auténticas atracciones, ¿no?	Ein anderes Handwerk ist natürlich das Weben von Decken. Die sind eine echte Attraktion.
Muchas de estas jarapas bien pudiera haberlas creado Joan Miró. Son formas completamente abstractas.	Viele von diesen Decken könnten von Joan Miró sein. Das sind ganz abstrakte Formen.
La pesca ... hay un sector que pesca todavía como se estaba haciendo hace 200 años, ¿no? Por concepto y por identidad bien podríamos encajarla dentro de lo que es una forma artesanal, ¿no?	Die Fischerei ... manche der Fischer arbeiten noch wie vor 200 Jahren. Vom Konzept und der Identität her könnte man das daher durchaus als eine Form des Handwerks einstufen.
La misma fabricación de las redes, ¿no? No cabe duda que tiene bastante de arte, de hecho en español se dice el arte de pesca, ¿no?	Auch die Herstellung der Netze. Zweifellos ist das alles eine große Kunst. Deshalb sagen wir auf Spanisch *arte de pesca*, die Kunst des Fischens.
El astillero, pues, también curiosamente una forma de artesanía en el sentido de que se están haciendo barcos pues prácticamente con las mismas reglas, salvo el motor por supuesto y salvo las partes mecánicas ... pero lo que es el caso del barco en sí mismo, se está haciéndolos pues con fórmulas de hace bastantes siglos.	Auch der Schiffsbau ist ja merkwürdigerweise im Grunde ein Handwerk, weil Schiffe im Wesentlichen immer noch auf die gleiche Art gebaut werden, wenn man mal vom Motor und der Mechanik absieht. Aber das Schiff an sich wird so gebaut, wie vor vielen Jahrhunderten auch schon.

Oberhalb von Almería thront die Alcazaba, die maurische Festung aus dem 8. Jahrhundert. Sie dokumentiert, dass Spanien lange Zeit von den Arabern beherrscht wurde. Für Manuel ist die Alcazaba ein Stück Kindheit.

MANUEL FALCES:
Para mí la Alcazaba como
para mucha gente de esta
tierra es un álbum de recuerdos,
¿no? Es un referente de que
cuando era niño de cinco o
seis años, venía a merendar
aquí con mi madre, con mi
hermana, con mi padre,
con todas mis tías.

Y posteriormente era un
sitio donde oía música
agradablemente en unos
festivales que se hacían por la
noche, con grandes orquestas,
donde se tocaba la guitarra
junto a la fuente.

Después tuvo un largo período
digamos de pérdida de la
memoria porque fue un lugar
intransitable, y por suerte,
al día de hoy es un sitio
que se ha recuperado para
la ciudad.

Für mich und viele andere
hier ist die Alcazaba wie ein
Erinnerungsalbum. Sie erinnert
mich daran, als ich ein Kind
von fünf oder sechs Jahren
war und mit meiner Mutter,
meiner Schwester, meinem
Vater und allen Tanten zum
Picknick hierher kam.

Später kamen wir dann zu
abendlichen Musik-Festivals
mit großen Orchestern hierher.
Am Brunnen haben wir dann
selbst Gitarre gespielt.

Dann kam eine lange Zeit
ohne Erinnerungen. Die
Alcazaba war nicht mehr
zugänglich. Aber zum Glück
hat man sie inzwischen wieder
für die Stadt erschlossen.

Am Fuße der Alcazaba liegt das alte Fischerviertel La Chanca. Auch in La Chanca sieht Manuel etwas ganz Besonderes.

MANUEL FALCES:
Para muchos pintores La Chanca
era un conjunto plástico como
muy bonito y demás, ¿no?
y se olvidaban que dentro
de esas casas había gente,
había unas costumbres,
y se vivía de una determinada
forma.

A mí esa es la forma que me
interesa – toda la contraria

Für viele Maler war La Chanca
einfach ein malerisches En-
semble. Aber sie vergaßen
dabei, dass in diesen Häusern
Menschen wohnten, dass es
dort Bräuche und Gewohn-
heiten gab, nach denen die
Menschen lebten.

Und genau das interessiert
mich, ganz im Gegensatz zu

a la de ellos, ¿no? Cómo viven las personas que ahí viven, cuáles son sus necesidades, y en cierta medida tratar de contársela al mundo a través de la fotografía.

Realmente La Chanca más que una inspiración, lo que a mí me interesa ahí es casi hacer una fotocopia de su realidad social, y de lo que hoy, ¿no?, en buena medida, de su marginalidad, y también, por otro lado la belleza que esa gente cultiva con determinadas costumbres, ¿no?, que tiene y que la expresan y que la manifiestan, bueno, proyectándose a través del baile por ejemplo.

Hay una canción en flamenco que definía perfectamente a Andalucía como al Mediterráneo. Yo para mí Andalucía la tengo muy ligada al Mediterráneo, aunque luego hay otra del norte que no tiene nada que ver, que era, decía que era una calle cualquiera, una calle cualquiera, camino cualquier parte, ¿no?

Entonces por aquí, por esta calle han pasado gente de muchas nacionalidades, de muchas formas. Y siempre normalmente el andaluz ha sabido asimilar lo bueno, lo positivo que ha tenido en sí, ¿no?

den Malern. Ich will wissen, wie die Menschen dort leben und was sie brauchen. Und in gewisser Weise will ich der Welt das erzählen, mit meinen Fotos.

La Chanca ist wirklich mehr als eine Inspiration für mich. Mein Interesse ist es, die soziale Realität der Leute, ihr Randgruppendasein, sozusagen zu fotokopieren. Und ebenso die Schönheit, die diese Menschen durch ihre Traditionen pflegen und ausdrücken, durch den Tanz zum Beispiel.

Es gibt ein Flamenco-Lied, das Andalusien und auch das Mittelmeer sehr gut beschreibt. Für mich gehört Andalusien unbedingt zum Mittelmeer, obwohl es auch ein nördliches Andalusien gibt, das nichts damit zu tun hat. Andalusien ist irgendeine Straße, eine Straße irgendwohin.

Auf dieser Straße sind schon Menschen vieler Nationalitäten gegangen, ganz unterschiedliche Menschen. Und der Andalusier hat es normalerweise verstanden, von allen immer nur das Gute, das Positive anzunehmen.

La negatividad no existe en Andalucía excepto para la muerte, en determinados momentos. Y por otro lado lo que sí le veo una enorme vitalidad. Es terriblemente vital, ¿no?	In Andalusien gibt es nichts Negatives, abgesehen vom Tod, von bestimmten Momenten. Und auf der anderen Seite sehe ich hier eine enorme Lebenskraft. Andalusien ist unglaublich lebendig, oder?

Während die letzten Vorbereitungen für Manuels neueste Ausstellung getroffen werden, wandern seine Gedanken schon zu einem anderen Traum: der Errichtung eines ständigen Fotografiezentrums, der *Fototeca*, in Andalusien. Dort werden die neuesten Techniken zur Anwendung kommen und es wird sicher kein Museum sein!

MANUEL FALCES:

Yo pienso que es mi sueño realmente, uno de mis sueños. Yo pienso que la persona no se debe limitar a tener un solo sueño, sino que tiene que tener más que uno.	Das ist wirklich mein Traum, einer meiner Träume. Man sollte sich meiner Meinung nach nicht auf einen Traum beschränken, sondern viele haben.
Y uno de ellos, concretamente el que me ocupa ahora y posiblemente dentro de unos años sea el poner en marcha lo que se llama el Centro Andaluz de la Fotografía, que también se conoce como la Fototeca.	Und einer meiner Träume, genauer gesagt, der Traum, der mich zur Zeit und sicher noch einige Jahre beschäftigen wird, ist die Gründung des „Centro Andaluz de la Fotografía", die auch einfach als *Fototeca* bekannt ist.
¿Para qué sirve una Fototeca? No es un cepillo de dientes por supuesto, ni un periódico, ni una tienda, sino sencillamente un centro, de los pocos que existen en Europa, que se dedican única y exclusivamente, con unos cargos del presupuesto público de un estado, a difundir la cultura fotográfica.	Welchen Nutzen hat eine *Fototeca*? Sie ist natürlich weder eine Zahnbürste noch eine Zeitung, noch ein Laden, sondern schlicht und einfach eines der wenigen Zentren dieser Art in Europa, das sich, mit Mitteln aus öffentlicher Hand, allein und ausschließlich der Verbreitung der Fotokunst widmet.

Queremos manipular la fotografía. Queremos irradiar la cultura fotográfica a aquellas personas que no saben absolutamente nada de fotografía porque no tienen por qué saberlo cuando están leyendo fotografía a diario.

Los grandes analfabetos del año 2000 serán quienes no sepan de fotografía y quienes no sepan de informática.

Wir wollen mit der Fotografie experimentieren und die Kunst des Fotografierens auch denen vermitteln, die sich noch nie damit befasst haben, obwohl sie täglich Dutzende von Fotos sehen.

Die Analphabeten des 21. Jahrhunderts werden die sein, die weder etwas von Fotografie noch etwas von Informatik verstehen.

5 SALSA

Ciudad de México – Mexico City. Manchmal auch einfach *„el DF"* genannt. „DF" bedeutet *Distrito Federal*, also Bundesdistrikt.
Selbst aus der größten Stadt der Welt gibt es ein Entrinnen – hinaus in die Idylle. Die Vorstadt Xochimilco ist ein beliebtes Ziel für Wochenendausflüge mit der ganzen Familie. „Schwimmendes" Essen ist hier *die* Attraktion!

MÓNICA PATIÑO:

¡Hola! Soy Mónica Patiño. Soy mexicana y vivo en el DF. Soy cocinera. Tengo una familia de cuatro hijos y una niña. Estoy casada. Mi sueño es tener un restaurante con mi hermana Claudia.	Hallo. Ich bin Mónica Patiño, bin Mexikanerin und lebe im DF. Ich bin Köchin. Ich habe vier Söhne und eine Tochter. Ich bin verheiratet. Mein Traum ist es, mit meiner Schwester Claudia ein Restaurant zu betreiben.

Mónica Patiño ist eine der bekanntesten Köchinnen Mexikos. Sie gehört zu den wenigen Frauen, die sich in der mexikanischen Macho-Riege großer Köche etablieren konnten.
Mónicas Schwester Claudia ist Designerin. Die beiden haben einen gemeinsamen Traum. Sie wollen in Mexico City ein Top-Restaurant eröffnen.

CLAUDIA PATIÑO:

Me llamo Claudia Patiño, soy mexicana, vivo en México DF. Soy diseñadora y mi sueño es abrir un restaurán con mi hermana Mónica.	Ich heiße Claudia Patiño, bin Mexikanerin und lebe in Mexiko DF. Ich bin Designerin und ich träume davon, mit meiner Schwester Mónica ein Restaurant zu eröffnen.

MÓNICA PATIÑO:

Y Claudia y yo siempre hemos querido trabajar juntas en algo, siempre que vamos de viaje … '¿cómo no tenemos un hotelito juntas y tú te encargas de la cocina y yo del hotel?'.	Und Claudia und ich wollten schon seit langem etwas gemeinsam aufziehen. Immer wenn wir zusammen verreist sind, haben wir Pläne gemacht … „Wieso machen wir nicht zusammen ein kleines Hotel auf? Du kümmerst dich um die Küche und ich ums Hotel."

Y de repente encontró Claudia esta casa, este lugar privilegiado, ¿no?, ... porque encontrar una casa tal como la queríamos, y fue Claudia quien me dijo: 'Mónica, ya encontré el lugar, no vamos a tener un hotel pero el restaurán y podemos tenerlo juntas', ¿no?

CLAUDIA PATIÑO:
Sí, lograr lo que realmente tenemos pensado hace mucho tiempo que hace como cinco años empezamos a planear este sueño, ¿no? Y realmente ya se empezó a ver un poco más claro en '93, encontramos la casa en noviembre, y aquí estamos.

En principio nos llevamos muy bien, somos realmente muy buenas amigas, muy trabajadoras las dos, y era un complemento que teníamos las dos, las dos juntas al tener este sueño.

Siempre tuvimos ganas de tener un hotel y restaurán, o algo que tuviera que ver con la decoración y con el restaurán, ¿no?, y este fue el grano que llegó exactamente en nuestras vidas en muy buen momento.

Eh, la mayoría de las ideas, pues es un poco que ves de aquí que ves de allá. Hay muchos restos europeos y libros, he conseguido unos magníficos libros europeos. Y un poco de que ves y un poco de tu imaginacíon, que ha funcionado, ¿no?

Und plötzlich entdeckte Claudia dieses erstaunliche Haus, genau das, was wir wollten! Und Claudia sagte zu mir: „Mónica, ich hab's, ich hab' *den* Platz gefunden, wir machen kein Hotel auf, aber das Restaurant und führen es gemeinsam".

Wir haben erreicht, was wir uns schon so lange Zeit vorgestellt hatten. Vor fünf Jahren begannen wir, diesen Traum zu planen. 1993 begann es klarer zu werden. Im November fanden wir das Haus, und hier sind wir nun.

Im Prinzip verstehen wir uns sehr gut, wir sind wirklich sehr gute Freundinnen, sind beide sehr fleißig. Und dann kam hinzu, dass wir auch noch denselben Traum hatten.

Wir wollten schon immer ein Hotel und ein Restaurant betreiben oder ein Restaurant selbst gestalten. Und diese Gelegenheit kam nun genau zum richtigen Zeitpunkt für uns.

Die meisten Ideen, na ja, man sieht mal hier und mal da was. Eine Menge europäischer Ideen und Bücher, ich habe einige herrliche Bücher aus Europa bekommen. Und das, was man sieht, mischt sich mit den eigenen Vorstellungen. Es hat ja schließlich funktioniert, nicht wahr?

Claudia überwacht den Umbau des neuen Restaurants. Sie hat sich selbst einen ehrgeizigen Zeitplan gesetzt.

CLAUDIA PATIÑO:
Yo calculo, terminar lo que es albañilería, estamos terminando en 15 días aproximadamente. Y ahí es donde ya vamos a empezar con acabados.

El mobiliario me lo entregan aproximadamente el 15 de mayo. Básicamente vamos en tiempo para abrir, que, yo mi entrega de la obra, que es del mismo restaurante, ¿no?, termino, el 30 de mayo. Esa es mi fecha que yo puse para terminar. Por eso sí pienso que para la primera semana de junio ya estamos abiertas las puertas.

Die Mauern werden wohl in etwa zwei Wochen alle hochgezogen sein. Dann beginnt die Feinarbeit.

Die Möbel werden um den 15. Mai herum geliefert. Wir liegen im Prinzip gut im Zeitplan für die Eröffnung. Mein Teil des Projekts, das Restaurant selbst, wird am 30. Mai fertig sein. Diesen Termin habe ich mir selbst gesetzt. Ich bin mir deshalb sicher, dass wir in der ersten Juniwoche die Pforten öffnen können.

Mónica ist sehr stolz auf die mexikanische Küche – *la cocina mexicana*. Sie hat im Laufe der Jahrhunderte viele Einflüsse anderer Kulturen angenommen.

MÓNICA PATIÑO:
Las características de la cocina mexicana han sido influenciadas por muchas culturas ... desde españolas, orientales con la de la China; la francesa, también, fue muy influenciada por la cocina francesa.
Y lo que ha influenciado es ..., a través de los chiles se han ido mezclando, pues, en el caso de España muchas nueces y almendras, el cerdo.
Y esas aportaciones han ido enriqueciendo todos estos moles que son a base de chiles y almendras.

Die mexikanische Küche wurde von vielen Kulturen beeinflusst: Wir finden spanische Einflüsse, asiatische, insbesondere chinesische, und auch die französische Küche hat ihre Spuren hinterlassen.
Der Geschmack des Chili hat sich mit vielem vermischt, zum Beispiel mit spanischen Nüssen, Mandeln und Schweinefleisch.
Und diese Beiträge haben all die Pfefferfleischsaucen, die auf der Basis von Chili und Mandeln entstehen, sehr bereichert.

La cocina mexicana es muy rica, es con platillos muy muy vastos.

Una cocina muy clásica con muchos ingredientes de la tierra, de frijoles y maíz. Caracterizados por el chile, que no necesariamente tienen que ser picantes, sino que los chiles también tienen sabores, tienen diferentes ..., lo que en el oriente te dan las especias, en México tenemos los chiles.

También tenemos el mole poblano, que es un poquito, una región donde tuvimos mucha influencia española con muchos conventos en la colonia ... y fueron las monjas o las madres de los conventos que inventaron este platillo, que es a base de tres o cuatro diferentes chiles secos tostados, con almendras y cacahuates, plátano, chocolate, canela y especies.

Die mexikanische Küche ist sehr wohlschmeckend, und mit sehr vielfältigen Gerichten.

Es ist eine ganz klassische Küche, mit vielen frischen Zutaten wie Bohnen und Mais. Das Wichtigste ist der Chili. Chilischoten müssen nicht unbedingt scharf sein, es gibt auch welche in ganz anderen Geschmacksrichtungen. In Asien haben sie ihre Gewürze, wir haben hier unsere Chilis.

Dann gibt es noch den *mole poblano*, der aus einer Region kommt, in der der spanische Einfluss besonders spürbar ist. Zur Zeit der Kolonie gab es da viele Klöster und die Nonnen oder Klostermütter haben dieses Gericht erfunden.
Die Grundlage sind drei oder vier trockene, geröstete Chiliarten, mit Mandeln und Erdnüssen, Kochbananen, Schokolade, Zimt und Gewürzen.

Einen Monat später. Claudia war ein bisschen zu optimistisch, sie kann ihren Zeitplan wohl doch nicht einhalten.

CLAUDIA PATIÑO:
Nos hemos atrasado aproximadamente como 20 días, pero realmente sí lo vamos a abrir en un lapso de diferencia de un mes aproximadamente.

MÓNICA PATIÑO:
Si, los trámites también, pensamos que iba a ser más

Wir sind ca. 20 Tage im Rückstand. Wir werden etwa einen Monat später als geplant eröffnen.

Der ganze Papierkram!
Wir hatten gedacht, es sei viel

fácil con la comisión de luz, la comitiva que iba a entrar, se tardó un poco en arreglar porque es mucha burocracia pero ya todo está echado a andar y esperemos que corra unos 20 días y ya abrimos.

leichter, einen Stromanschluss zu bekommen. Die Techniker waren schon bestellt, aber durch die ganze Bürokratie hat sich alles verzögert. Doch jetzt läuft alles, und in ca. 20 Tagen können wir hoffentlich aufmachen.

Einen Monat später. Der Tag der Eröffnung ist da und Claudia begrüßt ihre Gäste persönlich – *bienvenidos*, willkommen!

Claudia: Bienvenidos.
Hombre: Oye te felicito por el lugar.
Claudia: ¿Cómo lo visteis?
Hombre: Muy bonito.
Mujer: Está precioso. Hermosa la decoración. ¡Felicidades!
Claudia: Gracias. Quedó padre, ¿verdad? Ahorita viene Mónica a enseñarles nuestro menú, a ver qué les recomienda.

Claudia: Willkommen.
Mann: Ich gratuliere dir zu diesem Lokal!
Claudia: Wie gefällt es euch?
Mann: Sehr schön.
Frau: Ganz wunderbar! Die Raumausstattung ist bezaubernd. Glückwunsch!
Claudia: Danke. Ist toll geworden, nicht wahr? Mónica wird gleich da sein und euch unsere Karte präsentieren, mal sehen, was sie euch empfiehlt.

In der Küche geht es währenddessen heiß her. Heute wird sich zeigen, ob Mónicas Rezepte wirklich ankommen.

Mujer: Sí, el carpaccio, ¿cómo viene?
Mónica: El carpaccio es una carne de res que va rebanada muy delgadita ... se cuece un poco con limón y lleva una salsa de pico de gallo con chile, hierbabuena y ajítomate.
Mujer: Perfecto.

Frau: Wie wird der Carpaccio serviert?
Mónica: Der Carpaccio ist Rindfleisch in dünnen Scheiben, leicht mit Zitronen gekocht, mit einer *pico de gallo*-Sauce aus Chili, Minze und Ají-Tomaten.
Frau: Perfekt.

Mónicas Gerichte sind anspruchsvoll – und köstlich. Ganz besonders gilt das für die Sauce – *la salsa*.

Wie fühlen sich die Schwestern jetzt, nach der Eröffnung?

CLAUDIA PATIÑO:
Muy contenta, con mucho éxito, la gente está encantada, el menú de Mónica ha sido un éxito para México, muy contenta, la verdad muy contenta, muy satisfecha.

Sehr zufrieden. Wir haben Erfolg, die Leute sind begeistert, Mónicas Speisekarte ist ein Erfolg für Mexiko gewesen. Ich bin sehr, sehr glücklich und voll und ganz zufrieden.

MÓNICA PATIÑO:
Cansada después de tanto trabajo. Pero afortunadamente ha sido un trabajo de equipo con toda la familia, todos integrados y la gente ha respondido muy bien.

Nach so viel Arbeit bin ich erst mal müde. Aber zum Glück hat die ganze Familie geholfen, alle haben sich beteiligt und die Reaktion der Leute war sehr positiv.

Und was ist jetzt mit ihrem Traum – *el sueño*?

CLAUDIA PATIÑO:
Se convirtió en realidad nuestro sueño.

Unser Traum ist Wirklichkeit geworden.

MÓNICA PATIÑO:
Sí, ha sido más que el sueño, ¿no? Yo siento que una vez que un sueño se hace realidad es más grande que cualquier sueño que uno pueda tener.

Ja, er wurde sogar übertroffen. Ich denke, die Verwirklichung eines Traumes ist schöner als irgendein Traum, den man haben kann.

Und welche Pläne haben die beiden für die Zukunft?

CLAUDIA PATIÑO:
¡Bailar salsa!
¡Ahorita bailar salsa!

Salsa tanzen!
Sofort Salsa tanzen!

MÓNICA PATIÑO:
¡Seguir bailando salsa!

Noch weiter Salsa tanzen!

6 MADRID 24 HORAS
MADRID RUND UM DIE UHR

Ein neuer Tag in Madrid, der Hauptstadt Spaniens. Man lässt sich wecken von der Stimme Luis del Olmos, dem beliebtesten Radiomoderator des Landes.

LUIS DEL OLMO:
Buenos días España.
Les habla Luis del Olmo desde los estudios de Onda Cero en Madrid aquí en Pintor Rosales 76.

Guten Morgen, Spanien!
Hier spricht Luis del Olmo aus den Studios von Onda Cero in Madrid, in der Pintor Rosales 76.

Madrider Taxifahrer, wie José, schätzen Luis del Olmo und seine Sendungen ganz besonders.

JOSÉ NAVARRO PEDREGOSA:
Pues, hombre, estaba muy interesante, muy variado y además es un hombre muy sensato, hace unas entrevistas formidables.

Seine Sendungen sind sehr interessant und abwechslungsreich. Er ist außerdem ein sehr besonnener Mann, der großartige Interviews macht.

LUIS DEL OLMO:
Buenos días. Me llamo Luis del Olmo, me dedico a la radio.

Guten Morgen. Ich heiße Luis del Olmo, und mein Leben gehört dem Radio.

Soy periodista y comunicador radiofónico, desde hace casi 40 años.
En fin, ésta es mi vida, a la que dedico a través de la radio, para la radio y con la radio.
Me llena de felicidad, esta profesión.

Seit fast 40 Jahren bin ich Journalist und Radiomoderator.
Ich widme mein Leben dem Radio, lebe für das Radio und mit dem Radio.
Dieser Beruf macht mich glücklich.

Viele *madrileños*, so nennt man die Einwohner Madrids, haben zwei Jobs. Das gilt auch für José.

JOSÉ NAVARRO PEDREGOSA:
Pues tengo dos profesiones – por la mañana conduzco el taxi, y por las tardes trabajo en una oficina.

Pues yo todos los días me levanto a las cinco y media de la mañana. A las seis aproximadamente ya estoy en el taxi, en el volante.

Suelo trabajar hasta el medio día, hasta las dos, dos y media de la tarde.

Also, ich habe zwei Berufe: Vormittags fahre ich Taxi und nachmittags arbeite ich in einem Büro.

Also, ich stehe jeden Tag um halb sechs Uhr morgens auf. Etwa um sechs sitze ich am Steuer meines Taxis.

Normalerweise arbeite ich bis mittags, bis zwei oder halb drei Uhr.

LUIS DEL OLMO:
Tengo un programa durante cinco horas que se llama 'Protagonistas'.

En ese programa se refleja toda la movida del mundo del espectáculo, sin olvidar la información puntual, estableciendo conexión con distintos lugares de España, y distintos rincones del mundo, a través de nuestros corresponsales.

Comienza mi 'fiesta radiofónica', así cariñosamente la llamo, a las ocho de la mañana, lo termino a la una de la tarde.

Meine Sendung dauert fünf Stunden und heißt „Protagonistas".

Diese Sendung dreht sich hauptsächlich um die Welt des Showbusiness, aber natürlich gibt es regelmäßig Nachrichten. Verbindungen in die verschiedenen Regionen Spaniens und die verschiedenen Ecken der Welt haben wir durch unsere Korrespondenten.

Meine Radio-Fiesta, wie ich sie liebevoll nenne, beginnt um acht Uhr morgens. Um ein Uhr nachmittags bin ich damit fertig.

Der Journalist Tom Burns genießt das hektische Leben in Madrid und kostet es voll aus.

TOM BURNS:
Yo creo que la gente aquí ... lo que está es muy activa todo el día. Es un día muy activo.

Ich glaube, dass die Leute hier den ganzen Tag über sehr aktiv sind. Es ist ein sehr aktiver Tag.

Yo creo que el español madruga, el madrileño madruga y lo que tiene quizás el día es muchos compartimentos.

Es decir, ... al menos en una profesión liberal, en una persona digamos que, que no está atado a una oficina necesariamente, pues estás continuamente saliendo, entrando, tomando café, aperitivo, almorzar, más aperitivos, cenar, de copas, fuera y dentro, sin parar.

Ich glaube, dass der Spanier, der Madrider, früh aufsteht und den Tag in viele Abschnitte einteilt.

Das heißt, zumindest wenn man Freiberufler ist und nicht unbedingt den ganzen Tag in einem Büro sitzen muss, geht es ständig rein und raus, Kaffee trinken, Aperitif, Mittagessen, noch mehr Drinks, Abendessen, Kneipe, ständig rein und raus.

Die Madrider widmen sich der Arbeit genauso intensiv wie dem Vergnügen.

CARMEN,
empleada de banco:
Me levanto muy temprano, a las seis y media. Y empiezo a trabajar a las nueve menos cuarto, nueve.

Mi trabajo por la mañana termina a la una y media, como – almuerzo. Y luego ya después vuelvo aquí a las tres y normalmente hasta las siete de la tarde. Son muchas horas.

PACO,
empleado de banco:
Me levanto a las siete ... siete y media de la mañana, me aseo, desayuno sobre las ocho, ocho y cuarto y me desplazo hacia la estación de tren, normalmente cojo el tren sobre las ocho y media o nueve menos cuarto.

CARMEN,
Bankangestellte:
Ich stehe sehr früh auf, um halb sieben. Um viertel vor neun oder neun fange ich zu arbeiten an.

Ich arbeite bis halb zwei, dann gehe ich essen. Ich komme um drei hierher zurück und bleibe normalerweise bis sieben. Das sind viele Stunden.

PACO,
Bankangestellter:
Ich stehe etwa um sieben oder halb acht auf. Ich mache mich fertig und frühstücke um acht, viertel nach acht. Ich gehe dann zum Bahnhof und nehme meistens den Zug um 8 Uhr 30 oder 8 Uhr 45.

Usualmente llego al trabajo
a las nueve de la mañana
que es la hora de entrada
diaria.

CARMEN:
¿El sueño de mi vida? ¡Dejar de
trabajar!

PACO:
¿El sueño de mi vida? El sueño
de mi vida es dejar alguna vez
de trabajar y dedicarme sólo
a descansar.

In der Regel bin ich um neun
an meinem Arbeitsplatz,
das ist der offizielle tägliche
Arbeitsbeginn.

Mein Lebenstraum? Aufhören
zu arbeiten!

Mein Lebenstraum ist, irgendwann einmal mit dem Arbeiten
aufzuhören und nur noch zu
faulenzen.

Irgendwann am Tag kommt jeder *madrileño* mal am Kiosk vorbei – *el kiosco*.

KIOSQUERO:
Yo vengo aquí a las seis
de la mañana y luego hasta
las ocho de la tarde ...
ininterrumpidamente, o sea,
todo el día hasta las ocho
de la tarde.

Por la mañana el periódico
diario, o sea los periódicos:
El País, El Mundo, ABC,
todos los diarios de entidad
nacional.

¿Mi sueño? ¿Mi sueño para
realizar? Primero que me toque
la lotería ...

KIOSKBESITZER:
Ich komme morgens um
sechs hierher und bleibe
bis abends um acht ...
ununterbrochen bin ich hier,
jeden Tag bis acht Uhr.

Morgens sind es die Tageszeitungen: El País, El Mundo,
ABC, alle überregionalen
Zeitungen.

Mein Traum? Der Traum, der
wahr werden soll? Zuerst mal
ein Lotteriegewinn!

Jeder hier träumt vom großen Lotteriegewinn. Manche müssen lange darauf
warten.

CLIENTA (en el kiosco):
Cojo el de mañana y dos de
esto ...

KUNDIN (am Kiosk):
Ich nehme das für morgen
und zwei davon ...

Llevamos muchos años abonadas, si hace cuarenta y tantos años, y no ha salido nunca.

Wir kaufen die jetzt schon seit über 40 Jahren und haben nie gewonnen.

Später Vormittag – Zeit für Tapas.

MIGUEL, camarero:
¿Las tapas? Sobre las doce de la mañana ... once y media o las doce, es ya la hora en que empieza ya a tomarse ya las tapas y a tomar algo más sólido, aparte ya del café.

MIGUEL, Kellner:
Tapas? Die isst man so ab 12, ab halb 12, damit man außer Kaffee noch etwas Solideres zu sich nimmt.

LUIS DEL OLMO:
El madrileño ... es muy difícil encontrar algún ciudadano madrileño.

Der Madrider – es ist sehr schwierig, einen echten Madrider zu finden.

Estoy seguro que si nos reunimos diez personas tomando en el viejo Madrid, una copa, uno es de Madrid pero el otro ha venido de Castilla la Vieja, como yo, otro es catalán, otro es andaluz. Yo creo que Madrid es el pueblo de los pueblos.

Ich bin sicher, wenn sich hier in der Altstadt zehn Leute in einer Kneipe treffen, dann ist einer aus Madrid, die anderen aber kommen aus Alt-Kastilien, so wie ich, oder aus Katalonien oder aus Andalusien. Ich glaube, Madrid ist ein Schmelztiegel.

TOM BURNS:
Me gusta mucho de Madrid, el que el Madrid es una especie de cóctel de todas las Españas.

Mir gefällt an Madrid so gut, dass das hier ein „Cocktail" von Menschen aus ganz Spanien ist.

Yo creo que el madrileño es un hombre racialmente satisfecho y el sueño sería que le dejen como está.

Der Madrider ist, glaube ich, ganz zufrieden mit sich, und der Traum wäre der, dass man ihn so sein lässt, wie er ist.

Für José ist es Zeit zum Mittagessen.

JOSÉ NAVARRO PEDREGOSA:
Al mediodía, sobre las dos y media o las tres, suelo llegar a casa y entonces, como, me tengo que cambiar de ropa, ducharme y tengo que irme a la oficina.

Üblicherweise komme ich mittags um halb drei oder drei nach Hause, esse etwas, dusche mich, ziehe mich um und dann muss ich ins Büro.

LUIS DEL OLMO:
Entonces la inmensa mayoría de los almuerzos a mediodía, pues no los hago en casa, los tengo que hacer en los restaurantes con amigos, con los personajes, con los que me interesa cambiar impresiones, o llevar al micrófono al día siguiente.

Mein Mittagessen nehme ich meistens nicht zu Hause ein. Ich muss in Restaurants mit Freunden und mit Leuten essen, mit denen ich reden möchte oder die ich am nächsten Tag interviewe.

MANAGER DEL RESTAURANTE:
Bastantes clientes en la hora de la comida están hablando del tema de negocios. Todo el mundo sale a las tres de trabajar y es la hora de venir a comer. A partir de las tres.

Aquí, sobre todo en Madrid, se desayuna tarde y se come tarde, pero entonces, la comida principal es el almuerzo.

RESTAURANT-MANAGER:
Viele Kunden reden beim Essen über Geschäfte. Um drei legen alle eine Arbeitspause ein und gehen essen. So ab drei.

Besonders in Madrid frühstückt man spät und isst spät. Aber die Hauptmahlzeit ist das Mittagessen.

LUIS DEL OLMO:
Yo regreso a casa, a veces, a las cinco de la tarde para echar una siesta inevitable – la famosa siesta española. Sin esa siesta yo no puedo tener carburante hasta el final de la noche.

Manchmal gehe ich um 17 Uhr nach Hause, um die unvermeidliche Siesta einzulegen, die berühmte spanische Siesta. Ohne sie hätte ich nicht bis spät in die Nacht noch Energie.

Luis' Tag endet spät, um ein Uhr morgens – *la una de la madrugada*.

LUIS DEL OLMO:
Después de esos 30 minutos de siesta, vuelvo otra vez a la radio, a mi trabajo, a mi locura radiofónica y me retiro al filo de la una de la madrugada.

Nach dieser halbstündigen Siesta kehre ich zur Arbeit zurück, zu meinem Radiowahnsinn. Um ein Uhr morgens ziehe ich mich dann zurück.

Ein Tag in Madrid ist nicht vollständig ohne einen guten Plausch – eine *tertulia*.

TOM BURNS:
Hay tertulias taurinas, tertulias de fútbol, tertulias políticas, literarias por supuesto ... Pero en el fondo, yo creo que las buenas tertulias, lo que es, es una reunión de amigos que se ven en plan tranquilo y hablar un poco del bien y del mal y de ... y de la vida y la eternidad.

Es gibt *tertulias* über Stierkampf, Fußball, Politik und Literatur natürlich. Aber im Grunde ist eine gute *tertulia* ein Treffen von Freunden, die sich gemütlich über Gut und Böse, das Leben und die Ewigkeit unterhalten.

Yo creo que Luis del Olmo es el que mejor lo hace, es la idea de ... pues sí, es la tertulia radiofónica. Yo creo que en España la conversación, el arte de la conversación, el arte de intercambiar ... pues no sé, 'cositas' de la vida, ¿no? está muy impregnado.

Meiner Meinung nach kann das Luis del Olmo am besten, die *tertulias* im Radio. In Spanien sind Gespräche, die Gesprächskunst, der Austausch von Meinungen und Informationen, ein wichtiger Teil des Lebens.

Y Luis del Olmo lo que tiene, aparte de una voz muy bonita, es ... una especie de manera de complicidad con ... la gente que le escucha. Y en cierto modo, pues, el programa de Luis del Olmo es el patio de vecinas.

Und abgesehen von seiner schönen Stimme hat Luis del Olmo die Gabe, die Menschen, die ihm zuhören, einzubeziehen. Das Programm von Luis del Olmo ist sozusagen das Treppenhaus, in dem die Nachbarinnen tratschen.

LUIS DEL OLMO:
Buenas noches, les habla Luis del Olmo a través de las 184 emisoras de Onda Cero.

Se enciende la luz de la música y la poesía, canciones a gusto de todos los oyentes, canciones para recordar y canciones para enamorar.

Guten Abend, Sie hören Luis del Olmo über die 184 Sender der Onda Cero.

Wir entzünden das Licht der Musik und der Poesie, Lieder für alle Hörer, Lieder zum Erinnern und Lieder zum Verlieben.

Wenn die Sonne untergeht, denken die *madrileños* noch lange nicht daran, schlafen zu gehen. Die Nacht ist lang in Madrid und viele bleiben bis in die frühen Morgenstunden auf – bis in die *madrugada*.

TOM BURNS:
¿La madrugada? Lo mismo: tertulias, charlar, pasear, discutir, tomar unas copas.

Desde luego, no tener demasiada prisa en acostarse.

La Madrugada? Genauso: *tertulias*, Gespräche, Spaziergänge, Diskussionen, ein paar Gläser Wein.

Und natürlich keine Eile zu haben, ins Bett zu gehen.

Madrids echte Nachtschwärmer machen sich sowieso erst spät auf den Weg. Die Diskotheken haben von Sonntag bis Donnerstag ab halb zwölf Uhr nachts bis halb sechs Uhr morgens geöffnet. Am Wochenende ist die Nacht noch länger.

MANAGER DE LA DISCOTECA:
Los horarios entre la semana son de domingo a jueves de once y media de la noche a cinco y media de la madrugada.

Luego a partir del viernes, viernes y sábado lo podemos considerar como fin de semana el horario es de siete de la tarde a seis y media de la madrugada.

DISCO-MANAGER:
Unter der Woche, von Sonntag bis Donnerstag, öffnen wir von halb zwölf Uhr nachts bis halb sechs Uhr morgens.

Ab Freitag – Freitag und Samstag bilden für uns das Wochenende – sind die Öffnungszeiten von sieben Uhr abends bis halb sieben am Morgen.

LUIS DEL OLMO:
A viva voz en silencio
consulté con la almohada
con un suspiro en el pecho
noche tras noche
en mi lecho a solas
me preguntaba
entre las doce y la una
llegó la fortuna
con un nuevo amor
bajo la luz de la luna
llora de contento
mi fiel corazón
entre las doce y la una
entre la una y las dos.

Felices sueños, les habló Luis del Olmo.

Mañana nos encontramos en la sintonía de 'Protagonista la Música' en las 184 emisoras de Onda Cero.
¡Buenas noches!

Laut im Stillen
Sprach ich mit meinem Kopfkissen
Mit einem Seufzer in meiner Brust
Nacht für Nacht
Alleine in meinem Bett
Fragte ich mich
Zwischen zwölf und eins
Kam das Schicksal vorbei
Mit einer neuen Liebe
Im Mondschein
Weint vor Freude
Mein treues Herz
Von zwölf bis eins
Von eins bis zwei.

Glückliche Träume! Sie hörten Luis del Olmo.

Morgen treffen wir uns wieder auf der Welle des „Protagonista la Música" über die 184 Sender der Onda Cero.
Gute Nacht!

7 ¡BIENVENIDOS! WILLKOMMEN

Quindío in Kolumbien. In dieser Region wird ein großer Teil des kolumbianischen Kaffees angebaut. In den Städten und Dörfern Quindíos ist der Kaffee allgegenwärtig – als Hauptwirtschaftsfaktor und natürlich als beliebtes Genussmittel. Die Kolumbianer pflegen ihr reges soziales Leben mit Leidenschaft. So auch Hernán Sierra, Besitzer einer Kaffeeplantage.

HERNÁN SIERRA:
Yo pienso que, que gracias a Dios, ése ha sido uno de los recursos más importantes que nos ha dado a los colombianos y es el ser hospitalarios, y realmente el colombiano es una persona buena, honesta. Lo que pasa es que recibimos muy mala propaganda fuera del país por culpa de unas pocas personas que ensucian la imagen del país.

Gott hat uns Kolumbianern eine der wichtigsten Eigenschaften gegeben: die Gastfreundschaft. Kolumbianer sind gute, ehrliche Menschen. Leider haben wir im Ausland einen sehr schlechten Ruf und daran sind einige wenige schuld, die das Bild des Landes verderben.

Die Kolumbianer legen viel Wert darauf, dass sich ihre Gäste wie zu Hause und immer willkommen fühlen. Hernáns Kaffeefarm, eine so genannte Finca, heißt *La Cabaña*, die Hütte. Sie gehört der Familie Sierra schon seit Generationen, und Hernán betreibt sie zusammen mit seinen Brüdern.

HERNÁN SIERRA:
Bueno digamos que el Brasil es el principal productor de café del mundo. El Brasil produce, creo yo, que es el 30% de la producción mundial.

Brasilien ist der wichtigste Kaffeeproduzent der Welt. Soweit ich weiß, werden in Brasilien 30% der Weltproduktion angebaut.

Colombia simplemente aporta tal vez un 12 o un 13%. Realmente el Quindío es un departamento completamente dedicado al cultivo del café, casi no hay otras siembras.

Aus Kolumbien kommen nur etwa 12 oder 13%. In der Region Quindío wird praktisch nur Kaffee angebaut, es gibt fast keine anderen Feldfrüchte.

En este momento, como estamos en época de cosecha, hay aproximadamente unos 140 trabajadores recolectando el café.

Im Moment ist Erntezeit und etwa 140 Arbeiter sind mit der Kaffee-Ernte beschäftigt.

Jeder Kaffeepflanzer hofft, dass die Ernte, *la cosecha*, üppig ausfällt. Es ist die arbeitsreichste Zeit des Jahres. Die Farmer treffen sich, um über die Ernte zu sprechen – natürlich bei einer Tasse Kaffee!

Hernán: Hola, señores.
Hombres: Hola, Hernán.
Hernán: Buenas noches.
Hombres:
– ¿Cómo te va?
– ¿Cómo estás?
– ¿Qué hay de tu vida hombre?
Hernán: Ahí pasándola, trabajando.
Hombre 1: ¿Vienes de la finca o qué?
Hernán: Acabo de llegar de la finca. Ahora estamos en plena cosecha y estaba recogiendo el café.
Hombre 2: Bueno, ¿te provoca un café?
Hernán: Sí, me parece rico.
Hombre 2: ¿Doctor, quieres otro café?
Hombre 3: Bueno, lo voy a tomar.
Hombre 2: ¿Papá, quieres otro café?
Hombre 1: Sí, claro, acepto.
Hernán: Por favor, ¿nos trae tres cafés?
Camarero: Enseguida, con mucho gusto.

Hernán: Hallo, die Herren.
Männer: Hallo, Hernán.
Hernán: Guten Abend.
Männer:
Wie geht es dir?
Wie geht's?
Wie geht's bei dir, mein Freund?
Hernán: Ganz gut, immer am arbeiten.
Mann 1: Kommst du gerade vom Hof, oder was?
Hernán: Ich komme gerade vom Hof. Wir sind mitten bei der Kaffee-Ernte.
Mann 2: Gut, hast du Lust auf einen Kaffee?
Hernán: Ja, das ist eine gute Idee.
Mann 2: Herr Doktor, möchtest du noch einen Kaffee?
Mann 3: Ja, ich nehme gern einen.
Mann 2: Vater, möchtest du noch einen Kaffee?
Mann 1: Ja, gerne, einverstanden.
Hernán: Würden Sie uns bitte drei Kaffee bringen?
Kellner: Sofort, mit Vergnügen.

Täglich bringen Lastwagen und Traktoren die Ernte zur Finca. Hier wird die äußere Schale der Kaffeebohnen entfernt, bevor die Früchte zur Weiterverarbeitung in die Stadt gebracht werden. Hernáns Gutsverwalter, Bertulfo Díaz, der *mayordomo*, kümmert sich um das tägliche Geschäft.

BERTULFO DÍAZ:
Pues, por la mañana me levanto, voy al montaje, reviso el café. Miro la gente que haya tanqueado bien los patios. Al patiero darle indicaciones qué gente necesita para ayudarle.

Después del desayuno, me voy a andar a cada casero ..., porque durante el día tengo que hacer una lista de la gente que tiene trabajando al día, y los que tiene cogiendo café.

HERNÁN SIERRA:
El café lo vendemos en la ciudad de Calarcá. Allá hay una compradora de un comprador privado, y éste lo lleva a una trilladora donde le quitan la cáscara al café, y queda solamente el grano. Y de ahí sale a la federación, y ya se exporta hacia otros países.

Si el café tiene buenos precios, la gente disfruta de prosperidad. Ahora que el café está a tan bajos precios, entonces se nota un descenso en la economía, la gente está más bien marginada, y se está viendo muy limitada.

Nach dem Aufstehen gehe ich morgens gleich in die Anlage und überprüfe den Kaffee. Ich passe auf, ob die Arbeiter die *patios* gut gefüllt haben. Dann sage ich dem Vorarbeiter, wie viele Helfer er braucht.

Nach dem Frühstück gehe ich zu jedem Hausverwalter, denn ich muss eine Liste machen, welche Leute an diesem Tag für ihn arbeiten und welche Kaffee pflücken.

Den Kaffee verkaufen wir nach Calarcá, an die Einkäuferin einer Privatgesellschaft. Die bringt ihn in eine Fabrik, wo die Früchte geschält werden, so dass nur die eigentliche Bohne übrig bleibt. Von dort geht der Kaffee dann an den Verband und wird in andere Länder exportiert.

Wenn der Kaffee gute Preise erzielt, geht es auch den Leuten gut. Aber im Moment sind die Preise so niedrig, dass die gesamte Wirtschaft schwächelt, die Leute kommen ins Abseits und haben wenig Geld.

Wegen der Wirtschaftskrise suchen nun viele Kaffeeanbauer nach Alternativen – Viehwirtschaft, andere Feldfrüchte oder sogar Blumen. Auch der Umbau von Fincas für die Unterbringung von Touristen wird diskutiert. Hernán entschied sich für den Tourismus. Er hat seinen Doktor in Kolonialarchitektur gemacht und ist nun dabei, die *Cabaña* so umzubauen, dass sich Gäste hier wohlfühlen können.

Die meisten Erntearbeiter haben das Farmhaus *La Cabaña* nie betreten. Viele leben im nahe gelegenen Calarcá und fahren jeden Tag zur Farm hinaus.

TRABAJADOR DEL CAFÉ 1:
Se sabe que en la ciudad hay muy pocas oportunidades, especialmente en un pueblo como Calarcá.

Es demasiado pequeño – las industrias, no hay. Entonces, la única salida de conseguir trabajo sin tanto requisito, es venirse uno para el campo.

TRABAJADOR DEL CAFÉ 2:
Es más buena la vida en el campo. Porque en el campo uno tiene los plátanos, tiene la yuca, lo que hay siempre en la finca, eso es muy bueno.

TRABAJADOR DEL CAFÉ 1:
La vida en el campo es muy tranquila, pues la gente que se acopla al campo, vive una vida muy diferente de la de la ciudad.

KAFFEE-ARBEITER 1:
Man weiß ja, dass es in der Stadt nur wenig Verdienstmöglichkeiten gibt, besonders in einer Kleinstadt wie Calarcá.

Sie ist zu klein, da gibt es keinerlei Industrie. Als Ungelernter findet man hier nur auf dem Land Arbeit.

KAFFEE-ARBEITER 2:
Auf dem Land lebt man besser. Da hat man Bananen, Yucca, was es halt immer auf einer Finca gibt. Das ist sehr gut.

KAFFEE-ARBEITER 1:
Das Leben auf dem Land ist sehr ruhig. Die Menschen, die das Landleben lieb gewonnen haben, leben ganz anders als die in der Stadt.

Die einzigen größeren Arbeitgeber in Calarcá sind die *trilladoras*, Fabriken, in denen der Kaffee verarbeitet und für den Export verpackt wird. Einige der Arbeiterinnen lässt der Kaffee auch an freien Tagen nicht los. Schon früh am Sonntag strömen junge Frauen aus ganz Quindío in die kleine Stadt Filandia. Sie wollen an einem Schönheitswettbewerb teilnehmen, *un reinado*, denn ihr Traum ist es, Kaffeekönigin zu werden. Dieses Jahr sitzt Hernán in der Jury.

HERNÁN SIERRA:
En Colombia hay reinados de todo. Hay reinado del coco, hay reinado del carbón, hay reinado del petróleo,

In Kolumbien gibt es alle möglichen Königinnen. Eine Kokosnusskönigin, eine Kohlekönigin, eine Ölkönigin, hay reinado del café, de todo lo que tú quieras hay reinado.

Bueno, digamos que un reinado es dentro de una fiesta. Las fiestas de pueblo, la gente bailando, la gente tomando traguito.

Entonces, para hacer ver más alegre el reinado se hace un concurso entre las chicas más bonitas, y de ahí se escoge la más simpática, y la que llene más requisitos, y ésa es elegida la reina de la fiesta.

Digamos que la gente del eje cafetero siempre ha sido una admiradora número uno de la belleza femenina.

Para ser la reina nacional del café se necesita que sea una mujer, primero que todo, inteligente, simpática y bella.

REINA DEL CAFÉ:
Me siento feliz, me siento muy contenta, dichosa por este evento tan maravilloso y por la participación de toda la gente de acá del pueblo, que hoy estuvo más unida que nunca.

Hoy estuvo muy muy bien, no solamente la de acá del pueblo, sino también la de mi corrimiento, que conté con el apoyo de ellos.

eine Kaffeekönigin – für alles, was du dir vorstellen kannst, gibt es eine Königin.

Die Wahl der Königin ist Teil eines Volksfestes. Die Leute tanzen und trinken ein paar Gläschen.

Um das Fest dann noch fröhlicher zu machen, treten die schönsten Mädchen zu einem Wettbewerb an. Das sympathischste und fähigste Mädchen wird zur Festkönigin gewählt.

Die Leute, die mit Kaffee zu tun haben, waren schon immer die Bewunderer Nummer eins der weiblichen Schönheit.

Eine Frau, die nationale Kaffeekönigin werden will, muss vor allem intelligent, sympathisch und schön sein.

KAFFEEKÖNIGIN:
Ich bin glücklich, überglücklich über diese wunderbare Veranstaltung und dass die ganzen Leute hier aus dem Städtchen gekommen sind und dass sie sich heute so einig waren wie nie.

Heute waren sie wirklich großartig. Nicht nur die Leute von hier, sondern auch die aus meinem Dorf. Mit ihrer Unterstützung habe ich gerechnet.

Mit der Krönung zur Kaffeekönigin wird der Traum eines jeden jungen Mädchens wahr.

Hernán beschäftigt ein ganz anderer Traum – er muss einen Weg finden, das Überleben der *Cabaña* zu sichern.

HERNÁN SIERRA:
Mi sueño para el departamento del Quindío es que no viva absolutamente del café, sino que diversifique.

Mi sueño para esta finca, que es La Cabaña, es que, aprovechando la infraestructura que tiene de las casas ya construidas, y restauradas en el más puro estilo de la arquitectura de la colonización antioqueña, se siga conservando tal como es.

Y que se siga con el cultivo del café, pero que también puedan venir turistas a visitarnos y mirar cómo ..., el modo de vida cómo vivían nuestros bisabuelos, y nuestros abuelos, y puedan participar de nuestras costumbres.

Mein Traum ist es, dass man in Quindío nicht mehr allein vom Kaffee lebt, sondern auch andere Produkte anbaut.

Für diesen Hof, *La Cabaña*, erträume ich mir, dass er mit seinen bereits errichteten und restaurierten Gebäuden im reinsten Kolonialstil der Region Antioquia so erhalten werden kann, wie er jetzt aussieht.

Und dass dort zwar weiterhin Kaffee angebaut wird, aber dass uns auch Touristen hier besuchen werden, um zu sehen, wie unsere Urgroßeltern und Großeltern lebten, und um an unseren Bräuchen teilzuhaben.

8 BARRIO
STADTVIERTEL

Guadalajara. Mexikos zweitgrößte Stadt und Hauptstadt des Bundesstaates Jalisco. Von hier stammt die in ganz Mexiko bekannte *Mariachi*-Musik. Ein Ständchen für die Señoritas gehört hier dazu – und bringt zudem ein wenig Geld.
Wie die meisten mexikanischen Städte hat auch Guadalajara gegensätzliche Stadtviertel – so genannte *barrios*. Am Stadtrand entsteht ein neues Viertel, eines der größten überhaupt in Mexiko. Es heißt Cerro del 4.
Etwa 350.000 Menschen aus den ärmeren Regionen Jaliscos sind in der Hoffnung auf Arbeit und ein besseres Leben hierher gezogen.
Entscheidend für die Zukunft des *barrio* ist die Gesundheit – *la salud*. Dr. Marco Antonio Castillo Morán träumt von besseren Lebensbedingungen im *barrio*. Er arbeitet an einem Konzept der medizinischen Versorgung.

DR. MARCO ANTONIO CASTILLO MORÁN:

Soy Marco Antonio Castillo Morán. Tengo 30 años de edad. Vivo en la ciudad de Guadalajara, Jalisco, México. Soy médico.

Ich heiße Marco Antonio Castillo Morán und bin 30 Jahre alt. Ich lebe in der Stadt Guadalajara im Bundesstaat Jalisco, Mexiko. Ich bin Arzt.

Marco Antonios Ziel ist es, Kliniken einzurichten. Er will Hygieneseminare, Ernährungskurse und Erste-Hilfe-Kurse anbieten – Hilfe zur Selbsthilfe. Zuerst aber müssen hierfür die Grundvoraussetzungen geschaffen werden. In einigen Teilen des *barrio* gibt es da noch viel zu tun.

DR. MARCO ANTONIO CASTILLO MORÁN:

La comunidad se compone de varias colonias.
En algunas no hay agua potable, no hay drenaje, no hay servicios de recolección de basura.

Der Stadtteil besteht aus mehreren Siedlungen.
In manchen gibt es kein Trinkwasser, keine Kanalisation und keine Müllabfuhr.

Einige Siedlungen haben diese Einrichtungen schon.

DR. MARCO ANTONIO CASTILLO MORÁN:
En otras sí hay agua, sí hay drenaje, sí hay electricidad, por ejemplo en toda la extensión de la comunidad del Cerro del 4. Hace falta tener más escuelas, hace falta desarrollar actividades culturales.

Andere Bezirke haben bereits Wasser, Kanalisation und Strom, zum Beispiel das gesamte Cerro del 4. Man braucht mehr Schulen und man muss kulturelle Aktivitäten entwickeln.

Vielerorts fehlt die grundlegende Infrastruktur.

DR. MARCO ANTONIO CASTILLO MORÁN:
Hay en la comunidad una línea de transporte urbano ... por lo mismo hace falta ampliar calles pavimentadas porque no todas están de esa manera. Hay un programa de salud ... lo que no hay en este momento son las instalaciones físicas que están a punto de construirse.

Durch diesen Stadtteil führt eine Linie des öffentlichen Nahverkehrs, für den wir mehr Asphaltstraßen brauchen, weil nicht alle in einem so guten Zustand sind. Es gibt ein Gesundheitsprogramm, aber noch keine Einrichtungen dazu. Sie werden demnächst gebaut.

Marco Antonio hat die Aufgabe, das Gesundheitsprogramm zu verwirklichen.

DR. MARCO ANTONIO CASTILLO MORÁN:
Una vez que se enfrenta uno a esta realidad permite ver que la problemática es muy dura, por consecuencia creo que mi sueño consiste en ver transformada toda esta problemática. Mi sueño grande es ver transformado esta gran comunidad del Cerro del 4.

Sieht man sich erst einmal mit dieser Realität konfrontiert, erkennt man, wie groß diese Schwierigkeiten sind. Deshalb träume ich davon, diese Probleme aus der Welt zu schaffen. Mein großer Traum ist es, die Veränderung dieser großen Gemeinde Cerro del 4 mitzuerleben.

Marco Antonios Gesundheitsplan ist Teil des Regierungsprogramms *Solidaridad*, also Solidarität. Regelmäßig treffen sich Ausschüsse und besprechen, wie sich die Lebensbedingungen im *barrio* verbessern lassen. Jeder hat andere Prioritäten.

DR. MARCO ANTONIO CASTILLO MORÁN:
El sueño básicamente consiste en que sea la propia comunidad la que, haciendo uso de su autonomía, haciendo pleno uso de su participación, de su toma de decisiones ... logre transformar esta realidad en la que vive, porque es a quienes les conviene.

Im Grunde besteht mein Traum darin, dass die Gemeinde Gebrauch von ihrer Autonomie macht, selbstverantwortlich mitbestimmt und eigene Entscheidungen trifft, um so selbst ihre Lebensumstände zu verändern, weil es in ihrem eigenen Interesse ist.

So lange es keine Kliniken gibt, müssen die Ärzte Hausbesuche machen. Marco Antonio und seine Kollegin Dr. Armida Raygoza Jurado kümmern sich besonders um Kinder und schwangere Frauen, wie zum Beispiel Marí. Zunächst nimmt Armida die persönlichen Daten von Marí auf.

Armida: ¿Qué edad tienes, Marí?
Marí: 31 años.
Armida: Casada, ¿verdad?
Marí: Sí.
Armida: ¿Dónde naciste?
Marí: Aquí en Guadalajara, Jalisco.
Armida: ¿A qué te dedicas?
Marí: Soy profesora de educación primaria.
Armida: ¿Cómo te has sentido, Marí, con tu embarazo?
Marí: Me siento mal porque no puedo dejar de vomitar.

Armida: Wie alt bist du, Marí?
Marí: 31 Jahre.
Armida: Verheiratet, nicht wahr?
Marí: Ja.
Armida: Wo bist du geboren?
Marí: Hier in Guadalajara, Jalisco.
Armida: Was bist du von Beruf?
Marí: Ich bin Grundschullehrerin.
Armida: Wie fühlst du dich mit deiner Schwangerschaft?
Marí: Schlecht, weil ich mich ständig übergeben muss.

DR. ARMIDA RAYGOZA JURADO:
Para empezar es una comunidad muy desprotegida de servicios básicos, ¿sí? Entonces desde allí empiezan los problemas de salud comunitaria, ¿sí?

Zunächst verfügt die Gemeinde nicht einmal über die einfachsten sanitären Einrichtungen. Daraus ergeben sich die Gesundheitsprobleme der Gemeinschaft.

No hay drenaje, no hay agua potable. Bueno, son muchas colonias y estos son los principales problemas, entonces, esto origina muchas enfermedades, sobre todo de tipo infeccioso.

Es gibt keine Kanalisation, kein Trinkwasser. Na ja, es gibt viele Siedlungen, und das sind die wesentlichen Probleme. Daraus entstehen eine Menge Krankheiten, insbesondere die ansteckenden.

Armida: ¿A qué horas tienes esos sudores?
Marí: Cuando tengo mucha náusea que quiero vomitar, se siente así.
Armida: Entonces, ¿has tenido náuseas?
Marí: Náuseas fuertes.

Armida: Wann hast du diese Schweißausbrüche?
Marí: Wenn es mir sehr übel ist und ich mich übergeben muss.
Armida: Dir war es also übel?
Marí: Ja, sehr übel.

DR. ARMIDA RAYGOZA JURADO:
Este, tenemos también el problema de la desnutrición sobre todo en los niños ..., ¿si?, la falta de control prenatal en las mujeres embarazadas, son los principales problemas que tenemos, las parasitosis.

Wir haben auch das Problem der Unterernährung, vor allem bei den Kindern, und es gibt keine Vorsorgeuntersuchungen für Schwangere. Das sind unsere Hauptsorgen; hinzu kommen noch Parasiten.

Armida: ¿No te ha dolido la cabeza?
Marí: De vez en cuando, sí, me duele la cabeza. Más cuando hay sol, cuando me expongo al sol, me duele mucho.
Armida: ¿Molestias en tus ojos, en tus oídos?
Marí: Pues los ojos, con la luz, me duelen mucho, me molesta; necesito ponerme lentes o alguna sombrilla porque el sol directo me molesta mucho.

Armida: Hast du in letzter Zeit Kopfschmerzen gehabt?
Marí: Manchmal ja. Besonders in der Sonne, wenn ich mich der Sonne aussetze, dann habe ich starke Schmerzen.
Armida: Hast du Beschwerden an den Augen oder mit den Ohren?
Marí: Das Licht blendet mich, meine Augen schmerzen sehr, dann brauche ich eine Sonnenbrille oder einen Sonnenschirm, weil mir das direkte Sonnenlicht sehr zu schaffen macht.

DR. ARMIDA RAYGOZA JURADO:
Bueno, pues, yo creo que es un sueño común entre la comunidad y entre nosotros, ¿no?

Este, primero el entusiasmo, que no se agote, para seguir trabajando siempre, porque es algo que nunca se termina, ¿sí? Dar capacitación a las personas, que ellas sean capaces de ayudarse a sí mismas, de ayudar a su familia.

Ich glaube, wir alle in diesem Viertel haben denselben Traum.

Vor allem soll unsere Begeisterung für die Sache nicht nachlassen, denn Arbeit wird es immer geben. Wir wollen den Menschen beibringen, sich selbst und ihren Familien zu helfen.

Hausbesuche sind nur eine Übergangslösung. Gebraucht werden neue Kliniken, besonders für Vorsorgemaßnahmen.
Die Mitarbeit der Gemeinschaft an solchen Projekten ist für Marco Antonio und das *Solidaridad*-Team ein wichtiges Prinzip.

EMPLEADA DE LA SOLIDARIDAD:
Hemos puesto nosotros todo nuestro trabajo, todo nuestro empeño para hacer realidad uno de los más grandes sueños de todos nosotros – tener un centro médico o una atención para todos aquí en el Cerro.

MITARBEITERIN VON SOLIDARIDAD:
Wir haben all unsere Arbeit und Mühe in die Verwirklichung unseres schönsten Traumes gesteckt – ein medizinisches Zentrum zu bekommen oder ärztliche Betreuung für alle hier im Cerro del 4.

Neun Monate später ... Viel hat sich verändert im *barrio*, nur das ersehnte Krankenhaus fehlt noch. Marco Antonio erklärt uns, dass andere Maßnahmen Vorrang hatten. Die Kanalisation zum Beispiel.

DR. MARCO ANTONIO CASTILLO MORÁN:
Lo que hemos logrado han sido bastantes obras que benefician la salud integral de la gente que habita en este barrio del Cerro del 4.

Wir haben viel erreicht, was der Gesundheit und dem Wohlergehen der Menschen hier im *barrio* Cerro del 4 dient.

Como es el caso de la infraestructura sanitaria del Cerro con la introducción del sistema de drenaje que era una de las principales carencias.

Dentro del área de educación, la construcción de una escuela secundaria técnica que dé cobertura a la mayoría de los jóvenes en esta gran población del Cerro del 4.

Wie zum Beispiel die durch die Verlegung der Kanalisation verbesserte sanitäre Infrastruktur des Cerro; das war einer der Hauptmängel.

Was das Ausbildungswesen angeht, wurde eine technische Oberschule gebaut, die die meisten jungen Leute dieser großen Gemeinschaft des Cerro del 4 besuchen werden.

Die Gemeinde war der Ansicht, dass Bildung – der Bau einer Schule – eine wichtige Voraussetzung für das Gesundheitsprogramm ist. Künftige Generationen sollen davon profitieren, zum Beispiel auch Marís kleine Tochter. Marco Antonios Ziel ist es, dass sie und alle anderen Kinder in einer sicheren und gesunden Umgebung aufwachsen.

DR. MARCO ANTONIO CASTILLO MORÁN:

Uno de los principales problemas que se presentaban en el Cerro dentro del perfil epidemiológico de enfermedades eran las gastrointeritis o enfermedades de tubo digestivo, diarreas, que precisamente sabemos que tienen una relación fuerte con la falta de infraestructura, agua, drenaje, sigo insistiendo en esto, conductas inclusive.

Y que en un momento dado, con la instalación de esta red de drenaje, con la construcción de una escuela, va a favorecer precisamente lograr mejores niveles de educación, eliminar

Eines der Hauptprobleme, das im Cerro in Bezug auf die ansteckenden Krankheiten auftrat, waren Magen-Darm-Entzündungen oder Krankheiten des Verdauungssystems, Durchfall ... Von ihnen wissen wir genau, dass sie in einem starken Zusammenhang mit der fehlenden Infrastruktur bezüglich Wasser und Kanalisation stehen. Darauf weise ich immer wieder hin, auch auf die eigene Körperpflege.

Der Bau dieses Kanalisationsnetzes und vor allem einer Schule werden ab einem bestimmten Zeitpunkt dazu beitragen, dass die Leute ein höheres Bildungsniveau haben, und dass Infektionsquellen

estos focos de infección, que va a garantizar, de acuerdo a nuestro punto de vista, mejores niveles de salud.	ausgemerzt werden. Und das wird unseres Erachtens bessere Gesundheitsverhältnisse garantieren.
Es cierto que la perspectiva de la salud de la población del Cerro del 4 será mejor.	Es ist sicher, dass die Bevölkerung des Cerro del 4 nun bessere Aussichten hat, gesund zu bleiben.

Die Zukunft des *barrio* liegt in den Händen der jungen Leute. Von ihrem Einsatz für die Gemeinschaft hängt viel ab. Marco Antonio ist optimistisch:

DR. MARCO ANTONIO CASTILLO MORÁN:

Mi sueño lo veo realizado, cristalizado, en estas obras que se han obtenido con el esfuerzo de la comunidad, porque la comunidad ha trabajado, ha demostrado que tiene el deseo de mejorar, y eso es uno de los principales impulsos que tiene el lograr mejores niveles de salud.	Mein Traum ist Wirklichkeit geworden, durch diese neuen Einrichtungen, die sich die Bewohner selbst erkämpft haben. Sie haben gearbeitet, haben gezeigt, dass sie sich verbessern wollen, und genau das ist einer der wesentlichen Impulse, die nötig sind, um ein höheres Gesundheitsniveau zu erreichen.
Por lo tanto mi sueño se ha cumplido y todavía me siento más afortunado, porque esto ha permitido que el sueño se extienda y que dé nacimiento a cientos de sueños más, tanto a las autoridades de los diferentes niveles de gobierno, como a las diferentes familias y colonias que componen esto que hemos llamado barrio del Cerro del 4.	Mein Traum hat sich also erfüllt und ich bin sogar noch glücklicher, weil der Traum dadurch noch umfassender werden konnte. Er hat Hunderte weiterer Träume hervorgerufen, auf allen möglichen Regierungsebenen, ebenso wie in den unterschiedlichen Familien und Siedlungen, die das ausmachen, was wir *barrio* Cerro del 4 genannt haben.

9 FIESTA

Mexikaner feiern die Feste, wie sie fallen. Übers Jahr gibt es immer wieder einen Anlass für eine Fiesta. Das Fest, das immer am 1. November stattfindet, ist allerdings etwas ganz Besonderes. In der *Noche de Muertos*, der „Nacht der Toten", beten die Menschen darum, dass die Seelen der Verstorbenen zu den Lebenden zurückkehren, nur in dieser einen Nacht. Ein Traum, den viele teilen. Für die Mexikaner ist der Tod nicht das Ende, sondern eine Fortsetzung des irdischen Daseins. Ein Grund zum Feiern also.

Hier in Pátzcuaro, im Staat Michoacán, dauern die Vorbereitungen für diese besondere Nacht mehrere Tage. Viele Mexikaner glauben fest an die tiefere Bedeutung der Rituale, die zu diesem Fest gehören. So auch Hilda.

HILDA AMAYA:
Para nosotros los mexicanos es muy importante celebrar este rito, La Noche de Muertos, debido, más que nada, a demostrar el respeto, el amor, la devoción, que tenemos hacia los seres que han partido al más allá.

Für uns Mexikaner ist es sehr wichtig, dieses Ritual der *Noche de Muertos* zu feiern. Wir zeigen damit vor allem den Respekt, die Liebe und Hingabe, die wir für die Menschen empfinden, die ins Jenseits hinübergegangen sind.

Porque indudablemente el hecho de que hagamos una ceremonia de velación ...; pues que nos da gusto que nos visiten y que nosotros siempre estamos pensando en ellos.

Natürlich veranstalten wir eine Zeremonie der Nachtwache, weil wir uns über ihren Besuch freuen und weil wir immer an sie denken.

Ganz besonders wichtig ist diese Nacht für diejenigen, die erst vor kurzem einen geliebten Menschen verloren haben.

HILDA AMAYA:
Para mí La Noche de Muertos es algo muy doloroso, porque significa la pérdida material de un hijo recién nacido.

Für mich ist die *Noche de Muertos* sehr schmerzhaft, denn ich habe meinen neugeborenen Sohn verloren.

Yo lo recuerdo a él y el poco tiempo que me duró en mis

Ich denke oft an ihn und an die kurze Zeit, in der ich ihn

brazos; pues, siempre le he pedido paciencia para enseñarme a estar consciente de que ya no tengo su presencia física.	in meinen Armen halten durfte; und ich habe darum gebetet, dass mir Geduld zuteil wird und ich es akzeptieren kann, dass ich seine körperliche Gegenwart nicht mehr habe.
Porque al principio fue difícil para mí el hecho de no tenerlo, de haberlo perdido tan pronto.	Am Anfang war es schwer für mich, ihn nicht bei mir zu haben, ihn so schnell verloren zu haben.

Auch Hildas Freundin Natividad ist eine echte Mexikanerin. Ihre Muttersprache ist aber nicht Spanisch, sondern Purepecha. Auch Natividad trauert.

NATIVIDAD ROJAS:

Mi esposo se llamaba Norberto. Él se enfermó y duró cuatro años enfermo y, pues, ya de ahí no le pudieron hallar ninguna enfermedad y fue cuando falleció. Va a cumplir tres años.	Mein Mann hieß Norberto. Er wurde krank und musste dann vier Jahre lang leiden, ohne dass je herausgefunden wurde, was er eigentlich für eine Krankheit hatte. Schließlich starb er. Das war vor nicht ganz drei Jahren.

Nach dem Tod ihres Mannes ist Natividad wieder in ihr Elternhaus gezogen, in dem auch ihre Brüder leben.
Das Haus liegt nicht weit vom Pátzcuaro-See, und die *Noche de Muerto*s wird auf allen fünf Inseln dieses Sees gefeiert.
Auf Uranden, einer der kleinsten Inseln, leben etwa 40 Familien. Sie bauen Mais und Blumen an, aber hauptsächlich leben sie vom Fischen.
Einige der Kinder aus diesen Familien haben sich zu einer Tanztruppe zusammengetan. Ein paar Tage vor der „Nacht der Toten" fahren alle mit dem Boot hinüber in die Stadt, um neue Kostüme für ihren Auftritt zu kaufen. Der Hauptplatz von Pátzcuaro hat sich in einen riesigen Markt verwandelt. Dort lässt sich einiges finden – vorausgesetzt, man versteht zu handeln.
Am letzten Oktobertag sind die Kinder dann bei einem Festival traditioneller Tänze in Uranden dabei. Die Tänze werden als Geschenk an die Toten angesehen und als Würdigung der Fischer.
Außerdem ist eine *Noche de Muertos* natürlich undenkbar ohne den passenden Blumenschmuck.

HILDA AMAYA:
La flor amarilla es la flor del muerto que se llama 'cempasuchitl'. Tiene un papel muy importante aquí en este festejo, porque es un festejo de duelo. Y buscamos adornar, ya sea una cruz o una corona o un arco, que tiene mucha importancia en Michoacán.

Die gelbe Blume ist die Blume des Toten, sie heißt „cempasuchitl". Sie spielt bei diesem Fest eine wichtige Rolle, denn es ist ein Fest der Trauer. Und wir versuchen etwas zu schmücken, ein Kreuz, eine Krone oder einen Bogen, das ist hier in Michoacán sehr wichtig.

Und wie bereitet sich Natividad auf das Fest vor?

NATIVIDAD ROJAS:
Pues, me preparo a ir a comprar flores, la fruta ... varias frutas de las que le gustaban pues a mi esposo.

Nun, ich mache mich auf, Blumen und Obst zu kaufen ... verschiedene Früchte, die mein Mann gerne aß.

Natividad: ¿Tiene manzanas?
Mujer: Sí, hay.
Natividad: ¿Me pone un kilo?

Mujer: ¿Un kilo?
Natividad: Y las naranjas, ¿qué cuestan?
Mujer: Sí, tenemos de a cinco y de a dos.
Natividad: Me pone de dos, un kilo.
¿Qué precio tiene la flor?
Mujer: A cuatro el manojo.
¿Cuánto le pongo?
Natividad: Me pone tres manojos. ¿Cuánto es?
Mujer: Son quince.
Natividad: Se cobra.
Mujer: Gracias.

Natividad: Haben Sie Äpfel?
Frau: Ja.
Natividad: Geben Sie mir bitte ein Kilo.
Frau: Ein Kilo?
Natividad: Und was kosten die Orangen?
Frau: Wir haben welche für fünf und welche für zwei.
Natividad: Geben Sie mir die für zwei, ein Kilo.
Was kostet die Blume?
Frau: Vier Pesos pro Strauß.
Wie viele darf ich Ihnen geben?
Natividad: Geben Sie mir drei. Was macht das?
Frau: 15 Pesos.
Natividad: Kassieren Sie!
Frau: Danke.

Während Natividad einkaufen geht, backen ihre Brüder ein ganz spezielles Brot, das Totenbrot, *pan de muertos*. Die Figuren symbolisieren verstorbene Seelen.
Am Nachmittag des 1. November schmücken die Leute auf dem Friedhof ihre Familiengräber. Tausende kommen nach Einbruch der Dunkelheit hierher, um an der Nachtwache teilzunehmen und auf die Geister ihrer Lieben zu warten. Zuvor aber hält Natividad zu Hause ihr Ritual ab.

NATIVIDAD ROJAS:
En casa es una costumbre que está uno esperando a tal hora que llegan los angelitos. El día de ayer eran los angelitos y el día de hoy los difuntos. Es una costumbre que ya recibe uno, y por eso es la costumbre que pone uno en las casas la ofrenda pues aquí.

Puedes ponerle su altar y ponerle su fruta y ya puedes recibirlos; su agua, para que lleguen, puesto que llegan muy cansados y para que tomen agua.

Es ist ein Brauch, zu Hause auf die Stunde zu warten, in der die *angelitos* (Engelchen) kommen. Gestern war es der Tag der Engelchen, heute ist es der Tag der Erwachsenen. Es ist ein Brauch, sie im Haus zu empfangen, und deswegen ist es auch der Brauch, die Gaben in den Häusern hier aufzustellen.

Du kannst ihnen auch einen Altar bauen, ihre Lieblingsfrüchte darauf legen und sie dann erwarten. Und man stellt auch Wasser hin, damit sie trinken können, wenn sie müde ankommen.

Nach Einbruch der Nacht beginnt die Fiesta. Die beiden Freundinnen kommen zum Friedhof. Angst haben sie nicht. Sie träumen davon, den Seelen der Verstorbenen zu begegnen. Natividad denkt an ihren Ehemann, Hilda an ihr Baby.

HILDA AMAYA:
La muerte está en un plano espiritual. A nosotros de esta manera no nos está permitido todavía traspasar esto conscientemente ...
no nos está permitido traspasar esta puerta, pero,

Der Tod spielt sich auf einer spirituellen Ebene ab. Uns ist es somit noch nicht erlaubt, diese Schwelle bewusst zu überschreiten ...
wir dürfen diese Tür nicht durchschreiten, aber wir

65

pues creo que vamos escalando y pronto vamos a traspasar esa puerta ... y posiblemente tengamos la oportunidad de venir a hacer lo que ellos hacen; y pues, venir a que nos hagan nuestra ceremonia y todo ese tipo de cosas tan bellas.	sind auf dem Wege dorthin und bald werden auch wir durch diese Türe gehen ... und möglicherweise Gelegenheit bekommen, das zu tun, was sie tun; und sie halten dann eine Zeremonie für uns ab, mit lauter schönen Dingen.
Ponemos veladoras, porque cuando encendemos las veladoras, estamos iluminando el camino del más allá hacia donde nosotros estamos esperando que se manifiesten.	Wir stellen Kerzen auf, denn wenn wir die Kerzen anzünden, beleuchten wir den Weg vom Jenseits bis zu uns und warten darauf, dass sie erscheinen.

Die vielen tausend Kerzen werden die ganze Nacht brennen, um den Seelen der Toten den Weg zu weisen.

Im Morgengrauen endet die Fiesta für dieses Jahr und Pátzcuaro kehrt allmählich zum Alltag zurück.

10 EL VIAJE
DIE REISE

Quito, Ecuador – die zweithöchst gelegene Hauptstadt der Welt. Die Menschen in Ecuador haben unterschiedliche ethnische Wurzeln. Da gibt es die Nachfahren der spanischen Invasoren, dann die Indios, sozusagen die wahren Einheimischen, und schließlich noch die Mestizen, in deren Adern Blut aus beiden Gruppen fließt. Zu ihnen gehört auch Luis, ein Rundfunkjournalist. Luis' Radiostation sendet von Quito hinaus in die Dörfer der Indios. Orte, die Luis schon lange einmal besuchen möchte.

LUIS GUAMÁN FERNÁNDEZ:
Soy Luis Guamán Fernández, en este programa de 'América, poesía y canto' hablaremos de la gente de Ecuador.

Ich bin Luis Guamán Fernández. In unserem Programm „Amerika, Poesie und Gesang" werden wir über die Menschen in Ecuador sprechen.

La semana anterior, caminando por las calles de Quito, me encontré con un pintor primitivista, Alfredo Toaquiza, en una de las galerías de la ciudad.

Letzte Woche, als ich in Quito unterwegs war, traf ich in einer Galerie zufällig den naiven Maler Alfredo Toaquiza.

Este encuentro motivó mi interés por conocer sus costumbres, su vida y su forma de ser.
Es así que junto a Alfredo emprendí 'el viaje'.

Dieses Zusammentreffen weckte mein Interesse, mehr über seine Traditionen, sein Leben und seinen Charakter zu erfahren. Und so ging ich zusammen mit Alfredo auf die Reise.

Die Indios in Ecuador sind berühmt für ihr Kunsthandwerk, das Kultur und Brauchtum ihrer Gemeinschaft widerspiegelt. Aber in Alfredo Toaquiza hat Luis einen echten Künstler gefunden.

LUIS GUAMÁN FERNÁNDEZ:
Las pinturas de Tigua tienen un misterio, un encanto, una belleza simple que a todos intriga.

Die Bilder von Tigua haben einen Zauber, einen besonderen Reiz, eine einfache Schönheit, von der alle fasziniert sind.

Y mi curiosidad por saber, por conocer algo más de mi tierra, de cómo somos nosotros, eso hace que todo el mundo vaya, incluyéndome yo, a saber parte de la historia.	Meine Neugier, mehr über mein Land zu erfahren, darüber, wer und wie wir sind, wird dazu führen, dass wir alle, mich eingeschlossen, etwas über unsere Geschichte lernen werden.

Luis' Interesse an den Bildern veranlasste Alfredo, ihn in sein Dorf einzuladen.

Alfredo: Sí, Luis, te invito a mi comunidad para que usted conozca donde trabajamos y donde producen la pintura. **Luis:** Me gusta la idea. ¿Cuándo podemos hacer ese viaje? **Alfredo:** Sería bueno, si es posible, este lunes que viene. **Luis:** Sí. **Alfredo:** Ya, entonces, Luis. **Luis:** Muchas gracias.	**Alfredo:** Ja, Luis, ich lade Sie in meine Heimatgemeinde ein, damit Sie sehen, wo wir arbeiten und wo sie die Bilder malen. **Luis:** Die Idee gefällt mir. Wann können wir diese Reise machen? **Alfredo:** Nächsten Montag wäre es gut, wenn es möglich ist. **Luis:** Ja. **Alfredo:** In Ordnung also, Luis. **Luis:** Vielen Dank.

In Ecuador können sich nur wenige Leute ein Auto leisten. Die Zugverbindungen sind spärlich – meistens reist man mit dem Bus.

Alfredo: ¡Luis! **Luis:** ¡Hola! **Alfredo:** ¿Cómo está? Buenos días. **Luis:** ¡Hola, Alfredo! ¿Cómo está usted? **Alfredo:** Acabando de llegar. **Luis:** Bueno, entonces, ¿dónde compramos los boletos para salir a Tigua? **Alfredo:** Tenemos que comprar aquí en el terminal, en la planta baja. **Luis:** ¿Desde ahí mismo salen los autobuses?	**Alfredo:** Luis! **Luis:** Hallo! **Alfredo:** Wie geht es Ihnen? Guten Tag. **Luis:** Hallo Alfredo! Wie geht es Ihnen? **Alfredo:** Ich komme gerade an. **Luis:** Also gut, wo kaufen wir die Fahrkarten nach Tigua? **Alfredo:** Hier im Busbahnhof, im Erdgeschoss. **Luis:** Fahren die Busse direkt von dort ab?

Luis: Buenos días.
Vendedora de boletos: Buenos días.
Luis: ¿A qué hora sale el autobús para Latacunga, por favor?
Vendedora de boletos: Sale cada diez minutos.
Luis: ¿El próximo, a qué hora sale?
Vendedora de boletos: Doce y diez.
Luis: Deme dos pasajes de ida y vuelta.
Vendedora de boletos: Le explico que simplemente hay boletos de ida, no de regreso.
Luis: Deme dos por favor.
¿Y el tiempo de viaje para llegar a Tigua?
Alfredo: El tiempo de viaje es dos horas.
De aquí de Quito a Latacunga tiene ochenta kilómetros, de Latacunga a Tigua tiene cincuenta y tres kilómetros.

Luis: Guten Tag.
Fahrkartenverkäuferin: Guten Tag.
Luis: Wann bitte fährt der Bus nach Latacunga ab?
Fahrkartenverkäuferin: Er fährt alle zehn Minuten.
Luis: Wann fährt der nächste?
Fahrkartenverkäuferin: Um zwölf Uhr zehn.
Luis: Geben Sie mir zwei Fahrkarten hin und zurück.
Fahrkartenverkäuferin: Es gibt nur einfache Fahrkarten, keine Rückfahrkarten.
Luis: Geben Sie mir zwei, bitte.
Wie lange dauert die Fahrt nach Tigua?
Alfredo: Die Fahrtzeit beträgt zwei Stunden.
Von hier, von Quito nach Latacunga, sind es 80 Kilometer und von Latacunga nach Tigua 53 Kilometer.

Aber es ist nicht immer so einfach, den richtigen Bus zu finden.

Luis: Disculpe, señor, ¿éste es el autobús que va para Latacunga?
Hombre: No, éste no es, el autobús queda allá.

Luis: Entschuldigen Sie, ist das der Bus nach Latacunga?
Mann: Nein, der hier ist es nicht. Es ist der dort drüben.

Der Bus fährt auf der Panamericana, der Straße, auf der man Amerika der Länge nach durchqueren kann.
Am Fuß eines alten Vulkans namens Cotopaxi findet einer von Ecuadors ältesten Märkten statt, auf dem sozusagen alles verkauft wird – von der Nähmaschine über handgefertigte Taschen bis hin zu kleinen Kunstwerken. Dazu zählen u.a. auch manche Exemplare der berühmten Panflöten.
Wie auf allen Märkten Ecuadors muss man auch hier zu handeln verstehen und um einen Preisnachlass bitten – eine *rebaja*.

Luis: Hola, ¿qué tal? Mucho gusto. ¿Cóme le va?
Vendedor 1: Bien.
Luis: A ver. Hágame ver un instrumento. ¿A cómo está?
Vendedor 1: Ocho mil.
Luis: ¿Y con la rebaja?

Vendedor 1: Siete quinientos.
Luis: Siete quinientos. Sigue siendo caro.
Vendedor 1: No, es que es un buen trabajo.

Vendedor 2: Esta bolsa vale cien mil, pero linda, linda.

Luis: Pero cien mil está muy caro. ¿Tiene algo más pequeño?
Vendedor 2: Sí.
Luis: A ver ... Muy caro. ¿Algo más barato tiene?
Vendedor 2: Hay otra de treinta y cinco mil.

LUIS GUAMÁN FERNÁNDEZ:
El viaje merecía la pena porque es importante que todos conozcamos lo que tenemos, las maravillas que son únicas en el mundo, pero que lastimosamente nosotros acá sabemos ver y no mirar.

Sabemos ver la montaña en su forma, pero no vemos los pequeños detalles que ésta encierra, los animales silvestres, las flores silvestres, la sencillez de la gente del campo.

Luis: Hallo, wie geht's? Angenehm. Wie geht es Ihnen?
Verkäufer 1: Gut.
Luis: Mal sehen. Zeigen Sie mir ein Instrument. Wie viel kostet das?
Verkäufer 1: 8.000.
Luis: Und was ist mit einem Rabatt?
Verkäufer 1: 7.500.
Luis: 7.500. Das ist aber immer noch teuer.
Verkäufer 1: Nein, es ist eine gute Arbeit.

Verkäufer 2: Diese Tasche kostet 100.000, aber sie ist sehr, sehr schön.
Luis: Aber 100.000 ist sehr teuer. Haben Sie etwas Kleineres?
Verkäufer 2: Ja.
Luis: Ah, ich sehe ... Das ist sehr teuer. Haben Sie etwas Billigeres?
Verkäufer 2: Ich habe eine andere zu 35.000.

Die Reise hat sich gelohnt, denn es ist wichtig, dass wir all diese Wunder kennen lernen, die wir hier haben, die einzigartig auf der Welt sind, die wir zwar sehen, aber leider nicht ansehen.

Wir sehen den Berg, seine äußere Form, aber wir übersehen die kleinen Details, die wilden Tiere und Pflanzen, das einfache Leben der Landbevölkerung.

Alfredos Heimatdorf im Tal von Tigua, auf 4.000 Metern Höhe inmitten der Anden, zeigt sich wolkenverhangen.
Schon bald nach seiner Ankunft beginnt Luis, mit dem Mikrofon herumzulaufen, um für seine Hörer Eindrücke zu sammeln.

LUIS GUAMÁN FERNÁNDEZ:
Alfredo, ¿cómo es la vida diaria aquí en Tigua?

Alfredo, wie ist das Alltagsleben hier in Tigua?

ALFREDO TOAQUIZA:
Bueno, vida diaria es vivir trabajando en la agricultura, vivir con los animales, igual vivir con la artesanía.

Nun, Alltag bedeutet hier, in der Landwirtschaft zu arbeiten, mit den Tieren zu leben und eben auch mit dem Kunsthandwerk.

Cada día estamos saliendo al campo o al páramo para preparar nuestra tierra ... e igual nosotros estamos con los animalitos.

Jeden Tag fahren wir hinaus auf die Felder oder hoch in die Berge, um das Land zu bearbeiten ... und ebenfalls nach den Tieren zu schauen.

Vieh- und Landwirtschaft – die wirtschaftliche Basis der meisten Indio-Gemeinschaften. Aber von Anfang an waren die Menschen in Tigua auch künstlerisch tätig, und inzwischen beziehen sie 50% ihres Einkommens aus dieser Quelle.
Es gibt hier ganze „Malerfamilien". Ihre Motive entnehmen sie der Welt, in der sie leben – schneebedeckte Vulkane oder religiöse Feste zum Beispiel.
Ältere Maler bleiben bei ihrer traditionellen Arbeit und bemalen Trommeln.
Die jüngeren Maler wie Alfredo mögen zwar durchaus erfolgreich sein, aber Alfredos Traum, einmal ein größeres Publikum zu erreichen und mit den Einnahmen aus dem Verkauf seiner Bilder die Lebensbedingungen in Tigua zu verbessern, wird wohl vorerst unerfüllt bleiben.

ALFREDO TOAQUIZA:
Aspiro a que las autoridades un poco más se tomen en cuenta los indígenas que vivimos en el campo.

Ich wünsche mir, dass die Behörden uns Indios, die auf dem Land leben, etwas mehr berücksichtigen.

Muchas de las veces los políticos nos han ofrecido, y las autoridades han ofrecido, apoyar a las zonas indígenas en los momentos en que la campaña política ha estado por aquí. Pero luego cuando se entran al poder, no se ha tomado en cuenta.	Die Politiker und Behörden haben uns oft zu Wahlkampfzeiten versprochen, die Indio-Gebiete zu unterstützen. Aber wenn sie dann mal an der Macht sind, geschieht nichts.
Entonces, yo aspiro a que tenemos que tener todo lo que tienen los demás, ¿no?, o sea como la luz, el agua potable e igual las latrinas que nos hacen falta bastante.	Also, ich wünsche mir, dass wir all das bekommen, was auch die anderen haben, nicht wahr? Also, wie zum Beispiel Strom, Trinkwasser und auch Latrinen, die wir dringend brauchen.
Entonces, aspiramos a que queremos tener más cosas como es debido.	Nun, wir wünschen uns, mehr Dinge zu haben, so wie es sich gehört.

LUIS GUAMÁN FERNÁNDEZ:

La solucíon para vivir y para mantenerse es el fortalecer más su organización.	Einen guten Lebensstandard erreicht man am besten, wenn man die Organisation mehr stärkt.
Tenemos que volver, tenemos que compartir, tenemos que llevar conocimiento, tenemos que llevar educación, tenemos que llevar nuestra persona, movilizarnos, hacer juntos una sola patria, una sola nación.	Wir müssen zu unseren Wurzeln zurückkehren, wir müssen teilen, wir müssen Wissen vermitteln, eine Schulbildung anbieten, wir müssen uns selbst einbringen, uns mobilisieren, um zusammen ein Land, eine Nation zu bilden.

Die Menschen in Tigua glauben an vieles – an magische Berge und Gottheiten zum Beispiel. Aber sie zelebrieren auch christliche Feste – auf ihre ganz eigene Art.
Und so ist Luis mit ganz neuen Einsichten im Gepäck nach Quito zurückgereist, die er nun in seiner Sendung auch seinen Hörern nahe bringen möchte:

LUIS GUAMÁN FERNÁNDEZ:
Espero que para ustedes
este viaje de descubrimiento
haya sido tan interesante
como para mí.

Esta historia ha sido una
muestra de las fantasías
que presenta el Ecuador.
Confío que usted visite el
país y descubra nuevas
aventuras.

Este viaje me ha permitido
conocer más sobre mis raíces,
ha sido un redescubrimiento
de mi pasado y mi presente.

Hasta mañana, compañeros,
o como se dice en quichua,
lengua propia de los indígenas,
'caya cama mashi'.

Ich hoffe, dass diese Ent-
deckungsreise für Sie
genauso interessant war
wie für mich.

Diese Geschichte hat mir
einige der phantastischen
Dinge aufgezeigt, die Ecuador
zu bieten hat. Ich vertraue
darauf, dass Sie das Land
besuchen und neue Abenteuer
entdecken.

Bei dieser Reise habe ich mehr
über meine Wurzeln erfahren.
Sie war eine Wiederentdeckung
meiner Vergangenheit und
Gegenwart.

Bis morgen, Freunde,
oder wie man auf Quichua,
der Sprache der Indios, sagt:
„caya cama mashi".

11 ACTORES
SCHAUSPIELER

La Mancha in Zentralspanien. Schauplatz eines der berühmtesten Romane in spanischer Sprache, eines Meilensteins der Weltliteratur: *Don Quijote de la Mancha* von Miguel de Cervantes. Mitten in dieser Region liegt das verschlafene Städtchen Almagro. Jedes Jahr findet in Almagro ein großes Theaterfestival statt. Dann lässt man das goldene Zeitalter des spanischen Dramas wieder aufleben, auf klassische und moderne Weise.
Die ländliche Stille wird durch die Ankunft der Theaterensembles unterbrochen. Hier treten die bedeutendsten spanischen und wichtige europäische Gruppen auf. Die Bühnenbilder sind teils ultramodern, teils ganz traditionell gestaltet. Der im 16. Jahrhundert erbaute *Corral de Comedias* ist Spaniens ältestes Theater – der Aufführungsort schlechthin für die spanischen Klassiker. Jeder Schauspieler träumt davon, einmal im Corral aufzutreten. Auch die beiden Schauspielschüler Víctor und María haben diesen Traum.

MARÍA PEDREÑO:
Me llamo María Pedreño, pero mi nombre artístico es Esperanza Pedreño.

Ich heiße María Pedreño, aber mein Künstlername ist Esperanza Pedreño.

VÍCTOR HERNÁNDEZ:
Yo me llamo Víctor Javier Hernández, pero mi nombre artístico es Víctor Hernández. Yo soy de Albacete.

Ich heiße Víctor Javier Hernández, aber mein Künstlername ist Víctor Hernández. Ich bin aus Albacete.

MARÍA PEDREÑO:
Yo también soy de Albacete. Vivo aquí, en Almagro.

Ich bin auch aus Albacete. Ich lebe hier in Almagro.

VÍCTOR HERNÁNDEZ:
Yo vivo aquí también en Almagro. Yo estoy en la Escuela de Teatro Clásico de aquí, de Almagro, y quiero ser actor.

Ich lebe auch hier in Almagro. Ich besuche die hiesige klassische Theaterschule und möchte Schauspieler werden.

MARÍA PEDREÑO:
Yo también estoy en esta Escuela de Teatro Clásico y también quiero ser actriz. ¡Me gustaría!

Ich bin ebenfalls an dieser klassischen Theaterschule und ich möchte auch Schauspielerin werden. Das würde mir gefallen!

Víctor und María sind Schüler der Schauspielschule von Almagro. Sie wird von Juan Pedro de Aguilar geleitet, der dieses Jahr auch Direktor des Festivals ist.

JUAN PEDRO DE AGUILAR:
Estoy intentando darles el sentido de lo que es verdaderamente una actuación artística, una actuación de arte, que no sean actores que busquen la comercialidad o que busquen la frivolidad, sino que busquen eso tan difícil y tan duro que es la buena actuación.
Ser artistas de verdad.
Actuar con un arte profundo y grande.

Ich versuche ihnen das Gefühl dafür zu vermitteln, was wirklich eine künstlerische Darbietung ausmacht, damit sie keine Schauspieler werden, die nur das Geld suchen oder die Leichtfertigkeit. Sie sollen stattdessen versuchen, gute Schauspieler zu werden, was sehr schwer und hart ist. Sie sollen echte Künstler sein. Mit einer tiefen und großen Kunst Theater spielen.

Die Schule profitiert natürlich vom Theaterfestival, aber gleichzeitig sind junge Schauspieler wie Víctor und María auch die Zukunft des Festivals.

JUAN PEDRO DE AGUILAR:
Por un lado el Festival recibe de la escuela una especie de fomento del espectador joven.

Se crea interés del mundo joven por el Festival de Teatro Clásico.
De forma que los jóvenes se interesan por los grandes autores viejos.

Y de parte del Festival hacia los jóvenes es una especie de promoción de los valores de futuros grandes actores.

Auf der einen Seite hat das Festival durch die Schule immer einen Zustrom von jungen Zuschauern.

Die jungen Leute interessieren sich für das Festival des klassischen Theaters. Somit interessieren sich die jungen Leute für die großen alten Autoren.

Auf der anderen Seite bietet das Festival den zukünftigen, vielleicht großen Schauspielern eine Möglichkeit, ihre Talente zu entwickeln.

Dieses Jahr spielt María die Hauptrolle in *La discreta enamorada* von Lope de Vega, unter der Regie von Juan Pedro persönlich.
Víctor hilft bei den Vorbereitungen für das Festival – er macht Werbung und verkauft Eintrittskarten – *entradas*.

Chica: Hola.
Víctor: Hola, buenos días.
Chica: ¿Se pueden comprar aquí las entradas?
Víctor: Sí, aquí se pueden comprar.
Chica: ¿Qué hay para ver?
Víctor: Si quiere, le puedo dejar un programa para que vea lo que hay.
En el Corral de Comedias hay dos obras, se puede ver *El burlador de Sevilla* y se puede ver *La discreta enamorada*.
Chica: ¿Y a qué hora empiezan?
Víctor: La hora de comienzo es a las once menos cuarto.
Chica: ¿Y a qué hora acaban?
Víctor: Pues más o menos dependiendo del espectáculo, suelen acabar sobre la una de la madrugada.
Chica: ¿Qué precio tienen las entradas?
Víctor: La entrada cuesta mil quinientas pesetas, es precio único.
Chica: Pues quiero dos entradas para el día veinte.
Víctor: Dos para el día veinte.

Mädchen: Hallo.
Víctor: Hallo. Guten Tag.
Mädchen: Kann man hier die Eintrittskarten kaufen?
Víctor: Ja, hier kann man sie kaufen.
Mädchen: Was gibt es zu sehen?
Víctor: Wenn Sie möchten, kann ich Ihnen ein Programm mitgeben, damit Sie sehen können, was gespielt wird.
Im Corral werden zwei Stücke gespielt: *El burlador de Sevilla* und *La discreta enamorada*.
Mädchen: Wann fangen sie an?
Víctor: Vorstellungsbeginn ist um 22:45 Uhr.
Mädchen: Wann enden sie?
Víctor: Das Ende der Vorstellung hängt vom Stück ab.
In der Regel so um ein Uhr morgens.
Mädchen: Was kosten die Eintrittskarten?
Víctor: Sie kosten 1.500 Peseten, das ist der Einheitspreis.
Mädchen: Dann möchte ich zwei Eintrittskarten für den 20.
Víctor: Zwei für den 20.

Das Festival bietet etwas für fast jeden Geschmack und das nicht nur am Abend, sondern auch tagsüber.

MARÍA PEDREÑO:
Bueno, hay muchos espacios escénicos, donde vienen

Es gibt viele Theater, in denen zwei oder drei Ensembles spielen,

alrededor de dos o tres
compañías y se pueden ver
distintas obras que tienen
márgenes de cinco o seis días.
Normalmente los espacios se
llenan siempre de gente.

Las obras empiezan a las once
menos cuarto de la noche,
y durante el día, pues en la
plaza se pone un escenario
donde hay bandas de música,
bailes, entremeses.

VÍCTOR HERNÁNDEZ:
Durante el Festival se puede
hacer de todo, porque
Almagro se convierte en julio
en un centro cultural, pues,
muy importante del verano
y también se puede ir de
copas y pasártelo muy
bien con los amigos.

und man kann mehrere
Stücke sehen, die jeweils
fünf oder sechs Tage lang
gegeben werden.
Die Theater sind meistens
ausverkauft.

Die Stücke beginnen nachts
um viertel vor elf. Tagsüber
treten auf der Bühne auf dem
großen Platz Musik- und Tanz-
gruppen auf oder es werden
kurze Stücke gespielt.

Während des Festivals kann
man alles Mögliche machen,
denn im Juli verwandelt sich
ganz Almagro in ein bedeu-
tendes kulturelles Zentrum
des Sommers. Aber natürlich
kann man auch einfach mit
Freunden herumhängen und
was trinken gehen.

María empfindet es als große Ehre, im *Corral de Comedias* aufzutreten.

MARÍA PEDREÑO:
Bueno, el Corral es uno de los
sitios más importantes dentro
del mundo del teatro y entonces
actuar aquí es algo maravilloso,
puesto que lo conoce mucha
gente en España.

Almagro es una ciudad importante
por el Corral, y la gente que viene
a visitar el pueblo lo primero que
hace es venir al Corral, ¿no?

Entonces actuar aquí es un
privilegio para mí, y en el

Nun, der Corral ist in der Thea-
terwelt einer der wichtigsten
Orte überhaupt, und deshalb ist
es ganz wunderbar hier spielen
zu können, denn viele Leute in
Spanien kennen dieses Theater.

Almagro ist eine wichtige Stadt
durch den Corral; die Leute,
die hierher kommen, besuchen
als erstes den Corral, nicht wahr?

Hier aufzutreten ist deshalb ein
Privileg für mich, und erst recht

Festival aún más, puesto que a mí es el espacio que más me gusta y en el que más cómoda me siento, porque ya estoy aquí mucho tiempo y he actuado varias veces aquí.

während des Festivals. Der Corral ist meine Lieblingsbühne, auf der ich mich am wohlsten fühle, weil ich schon lange hier bin und hier schon oft gespielt habe.

Der Traum von Víctor und María – kann er wahr werden?

JUAN PEDRO DE AGUILAR:
María es espontánea, es muy inteligente, es misteriosamente un espíritu de escenario, un cuerpo y espíritu de escenario.

María ist spontan und sehr intelligent, sie hat eine geheimnisvolle, spirituelle Gegenwart auf der Bühne, in Körper und Geist.

Víctor es profundamente simpático. Creo que María tiene una línea de primera dama, de gran actriz, creo que tiene posibilidad de muchos papeles, ... en este mundo de obras, de los distintos autores.

Víctor ist außerordentlich sympathisch. Ich glaube, María wird einmal viele Hauptrollen spielen, eine große Schauspielerin werden. Sie ist sehr vielseitig einsetzbar ... in dieser Welt der Stücke, der verschiedenen Autoren.

Y Víctor tiene más marcado el camino, pero también tiene mucho trabajo, porque puede hacer todos esos roles simpáticos de los graciosos.

Víctors Weg ist stärker festgelegt, aber er wird trotzdem genug Arbeit haben, denn er kann all diese sympathischen Rollen der *Graciosos* spielen.

Los dos tienen muchas cualidades, muchas. Espero que sean listos y tengan habilidad en la vida para saber seguir sacando provecho de esos dones naturales que tienen en abundancia, los dos.

Beide haben viele Qualitäten, viele. Ich hoffe, dass sie klug sein werden und geschickt genug, um aus ihren natürlichen Gaben, über die sie beide reichlich verfügen, weiterhin das Beste herauszuholen.

Einige Tage vor Beginn des Festivals werden in Almagro die Hotelzimmer knapp. Besonders im „Parador" geht ohne vorherige Reservierung gar nichts.

Hombre: Buenos días. **Mujer en la recepción:** Buenos días, señores. Dígame. **Hombre:** Tenemos una habitación reservada. **Mujer en la recepción:** ¿A nombre de quién, por favor? **Hombre:** Plácido Núñez. **Mujer en la recepción:** Era una habitación doble para tres noches. **Mujer:** ¿Tienen habitación con cama de matrimonio? **Mujer en la recepción:** No, señora, no hay en el hotel. Todas las habitaciones son de dos camas. **Mujer:** ¿Y con baño? **Mujer en la recepción:** Sí, todas tienen baño y ducha. ¿De acuerdo? ¿Le importa dejarme el carnet, por favor? Gracias. **Hombre:** ¿Qué servicios tiene el hotel? **Mujer en la recepción:** El hotel tiene bar, piscina y restaurante. **Hombre:** Muy bien. **Mujer en la recepción:** Habitación 55. Gracias.	**Mann:** Guten Tag. **Rezeptionistin:** Guten Tag, die Herrschaften. Was kann ich für Sie tun? **Mann:** Wir haben ein Zimmer reserviert. **Rezeptionistin:** Auf welchen Namen bitte? **Mann:** Plácido Núñez. **Rezeptionistin:** Das war ein Doppelzimmer für drei Nächte. **Frau:** Haben Sie ein Zimmer mit Doppelbett? **Rezeptionistin:** Nein, gnädige Frau, die gibt es im Hotel nicht. Wir haben nur Zimmer mit getrennten Betten. **Frau:** Und mit Bad? **Rezeptionistin:** Ja, alle Zimmer haben Bad und Dusche. Einverstanden? Dürfte ich Ihren Ausweis haben? Danke. **Mann:** Welche Angebote hat das Hotel? **Rezeptionistin:** Im Hotel gibt es eine Bar, einen Swimmingpool und ein Restaurant. **Mann:** Sehr gut. **Rezeptionistin:** Zimmer 55. Danke.

Je näher die Eröffnung des Festivals rückt, desto intensiver wird im Theater geprobt. Und die Spannung steigt!

JUAN PEDRO DE AGUILAR:

Aquí el que no es buen actor fracasa. Este Corral es muy duro. Sólo se crea la magia cuando el actor es verdaderamente bueno.	Wer hier nicht gut spielt, fällt durch. Der Corral ist sehr hart. Die Magie entsteht nur, wenn der Schauspieler wirklich gut ist.

Entonces se produce la magia y se tienen unas vivencias muy de orden, ... espiritual, muy superior.

MARÍA PEDREÑO:
Con respecto a la obra de teatro que yo voy a interpretar, pues faltan todavía bastantes ensayos. Lo que pasa es que ... yo supongo que llegaremos airosos al estreno.

Mi sueño es eso, seguir haciendo teatro, que es lo que más me gusta y si no, pues poder trabajar en otra cosa que esté cercana a eso.

VÍCTOR HERNÁNDEZ:
Mi sueño podríamos decir que es el mismo, mi sueño es llegar a ser un actor de carrera, un actor profesional que pueda trabajar en eso siempre, que no tenga que hacer otros trabajos.

No me importa hacer trabajos alternativos, como los que he hecho este año en el Festival, me gusta mucho, pero me gustaría hacer un trabajo actoral.

Dann ist die Magie plötzlich da, und man hat sehr spirituelle, sehr erbauende Erlebnisse.

Was das Stück angeht, in dem ich mitspiele, werden noch viele Proben notwendig sein. Aber ich bin mir sicher, dass die Premiere ein Erfolg wird.

Mein Traum ist es, weiterhin Theater zu spielen, denn das mache ich am liebsten. Wenn das nicht geht, will ich in einem ähnlichen Bereich arbeiten.

Man könnte sagen, dass ich genau den gleichen Traum habe. Ich möchte von Beruf Schauspieler sein, ein professioneller Schauspieler, der diesen Beruf immer ausüben kann und nicht irgendwelche anderen Jobs annehmen muss.

Es macht mir nichts aus, auch mal solche Arbeiten zu übernehmen, wie dieses Jahr hier beim Festival, das gefällt mir sehr, aber ich möchte auf jeden Fall als Schauspieler arbeiten.

12 ROMÁNTICOS
ROMANTIKER

Madrid, die Hauptstadt Spaniens. Carlos und Claire wollen heiraten. Doch wohin in den Flitterwochen? Beide sind weitgereist und suchen etwas Neues für ihren Traumurlaub. Vielleicht kann Maite, die Angestellte aus dem Reisebüro, helfen.

Carlos: Pues, mira, nos casamos dentro de dos meses y todavía no tenemos muy claro dónde queríamos ir de luna de miel.
Maite: ¿Tienen ustedes alguna idea?
Claire: Sí, hemos pensado en América Latina, pero ...
Maite: ¿Dónde fueron el año pasado?
Carlos: Fuimos a Tailandia y nos gustó mucho.
Maite: Os gustó. ¿Y el anterior?
Claire: Estuvimos en Francia, Italia y ... hace tres años, África, en Marruecos.
Maite: Bien, este año tenemos muchas ofertas de viajes para todo el continente americano, el norte, el centro y el sur. Pero los destinos más populares para un viaje de novios son Brasil, Argentina y México.
Claire: Me han dicho que Argentina es muy caro, ¿verdad?
Maite: Sí, es cierto. El peso argentino está muy fuerte.
Carlos: Yo fui hace tres años a Brasil por trabajo.
Maite: Pues, entonces, no hay duda: México.
Claire: Bueno, vamos a ver.
Maite: Bien, os voy a mostrar un vídeo.

Carlos: Also, wir heiraten in zwei Monaten und wissen noch nicht genau, wohin wir die Hochzeitsreise machen sollen.
Maite: Haben Sie irgendeine Vorstellung?
Claire: Ja, wir haben an Lateinamerika gedacht, aber ...
Maite: Wo waren Sie letztes Jahr?
Carlos: Wir waren in Thailand und es gefiel uns sehr.
Maite: Es gefiel euch. Und vorletztes Jahr?
Claire: Da waren wir in Frankreich, Italien und ... vor drei Jahren in Afrika, in Marokko.
Maite: Gut, dieses Jahr haben wir viele Sonderangebote für Reisen auf den amerikanischen Kontinent, nach Nord-, Zentral- und Südamerika. Aber die beliebtesten Flitterwochenziele sind Brasilien, Argentinien und Mexiko.
Claire: Ich habe gehört, Argentinien sei sehr teuer. Stimmt das?
Maite: Ja, das stimmt. Der argentinische Peso ist sehr stark.
Carlos: Ich war vor drei Jahren in Brasilien, auf Geschäftsreise.
Maite: Dann gibt es keinen Zweifel mehr: Mexiko.
Claire: Nun ja, mal sehen.
Maite: Gut, ich werde euch ein Video zeigen.

Mexico City hat dem Besucher viel zu bieten: die größte und älteste Kathedrale Lateinamerikas, einen der größten Plätze der Welt, den Zócalo, die Ruinen alter Zivilisationen, Mexikos aztekischer Vergangenheit. Heute tanzen kostümierte Indios täglich für die Touristen. Tagsüber Musik, Theater und Kunst, und nachts Musik für die Romantiker – *los románticos*.

MAITE:

Se llega al aeropuerto de Ciudad de México, la ciudad más grande del mundo, y hay mucho que ver.

Man kommt am Flughafen von Mexico City an, der größten Stadt der Welt. Dort gibt es viel zu sehen.

Y luego vamos a Acapulco, ... una de las playas más famosas del mundo.

Dann fahren wir nach Acapulco, zu einem der berühmtesten Strände der Welt.

Es un lugar fabuloso para pasar la luna de miel, y los hoteles tienen una acogida especial para los recién casados.

Das ist ein wunderbarer Ort, um die Flitterwochen zu verbringen, und die Hotels bieten den Neuvermählten ein spezielles Willkommenspaket.

Vamos a verlo ...

Schauen wir uns das mal an ...

Das Video, das Maite ihren Madrider Kunden vorführt, zeigt ein anderes Paar: Jajana und Carlos Medina. Begeistert erzählen die beiden Jungvermählten von sich und ihrer *luna de miel*, ihrer Hochzeitsreise.

JAJANA MEDINA:

Mi nombre es Jajana, soy de la Ciudad de México, soy diseñadora gráfica.

Mein Name ist Jajana, ich bin aus Mexico City und bin Grafikerin.

CARLOS MEDINA:

Me llamo Carlos, soy de México también, soy licenciado en comunicaciones y hago publicidad.

Ich heiße Carlos und bin auch aus Mexico City. Ich habe Kommunikationswissenschaften studiert und arbeite in der Werbung.

Wie haben Jajana und Carlos sich kennen gelernt?

JAJANA MEDINA:
Nos conocimos en un restaurante. Yo iba con mi hermano y él iba con unos amigos y ahí nos presentaron.

Wir haben uns in einem Restaurant kennen gelernt. Ich war mit meinem Bruder da und er mit ein paar Freunden, die uns einander vorgestellt haben.

Warum ist Jajana die ideale Frau für Carlos? – *¿Por qué?*

CARLOS MEDINA:
Porque es una niña de buenos sentimientos, simpática, alegre y es mi mejor amigo, mi mejor amiga.

Weil sie ein sehr nettes Mädchen ist, sympathisch, fröhlich. Sie ist mein bester Freund, meine beste Freundin.

JAJANA MEDINA:
Mi esposo ideal es sumamente tierno, es muy cariñoso, ¡y siempre me consiente!

Mein idealer Ehemann ist überaus liebevoll und zärtlich. Und er gibt mir immer nach!

Warum sind sie nach Acapulco gefahren?

JAJANA MEDINA:
Decidimos venir a Acapulco, porque en primer lugar es playa, y para la luna de miel queríamos estar en un lugar con playa. Mi tío nos regaló la luna de miel y escogimos Acapulco.

Wir entschieden uns für Acapulco, weil es ein Strandort ist und wir wollten für unsere Flitterwochen auf jeden Fall einen Ort mit Strand. Mein Onkel hat uns die Flitterwochen geschenkt und wir haben Acapulco ausgewählt.

Was haben die beiden am ersten Tag gemacht? – *¿El primer día?*

JAJANA MEDINA:
El primer día fuimos a nadar, fuimos a esquiar y buceamos.

Am ersten Tag gingen wir schwimmen, Wasserski fahren und tauchen.

Und abends? – *¿Y por la noche?*

JAJANA MEDINA:
Antes de ayer fuimos a comer y comimos comida mexicana y unos postres muy ricos. Fuimos a bailar. Bailamos toda la noche.

Vorgestern gingen wir essen. Es gab mexikanische Gerichte und sehr leckere Nachtische. Und wir sind tanzen gegangen. Wir haben die ganze Nacht durchgetanzt.

CARLOS MEDINA:
Después fuimos a un bar y regresamos a descansar.

Dann gingen wir noch in eine Bar und kamen zurück, um uns auszuruhen.

Am zweiten Tag ihrer Flitterwochen haben Jajana und Carlos Medina einen Ausflug nach Taxco gemacht. Dort gehört die Karwoche – *la Semana Santa* – zu den eindrucksvollsten Ereignissen dieser Art in ganz Mexiko. Es finden farbenprächtige Prozessionen statt und ein Passionsspiel. Die Inszenierung dauert die ganze Nacht. Maite hält den Film kurz an, um ihren beiden Madrider Kunden, Claire und Carlos, ein paar Informationen über Taxco und die mögliche weitere Reiseroute zu geben.

MAITE:
Luego se va a Taxco, ... uno de los pueblos más bonitos de México. Está enclavado en la montaña rodeado de minas.

Dann geht es nach Taxco, einem der schönsten Dörfer Mexikos. Es liegt mitten im Gebirge, dort gibt es viele Bergwerke.

Las procesiones de Semana Santa allí son muy espectaculares, muy bonitas.

Die Prozessionen in der Karwoche sind dort sehr eindrucksvoll, wunderschön.

Y luego hay que escoger. Se puede visitar las ruinas mayas y precolombinas en el Yucatán.
Podéis viajar al pueblo colonial de Guanajuato, un pueblo muy hermoso con una historia muy interesante. Y además es muy romántico.

Dann muss man wählen. Man kann die präkolumbischen Maya-Ruinen in Yucatán besuchen.
Oder ihr könnt in das Kolonialstädtchen Guanajuato reisen, ein sehr schöner Ort, der eine interessante Geschichte hat. Und außerdem ist es dort sehr romantisch.

Doch wieder zurück zu Jajana und Carlos Medina. Auch sie hat ihre Hochzeitsreise ins romantische Guanajuato geführt.

JAJANA MEDINA:
Cuando llegamos al hotel fuimos a nadar. Comimos ahí en el hotel, y por la tarde nos fuimos a caminar al pueblo.

CARLOS MEDINA:
Estuvimos en los museos; hay muchos museos que conocer.

JAJANA MEDINA:
De ahí conocimos el Teatro Juárez, la Basílica. Cenamos en la plaza en un restaurante típico.

CARLOS MEDINA:
Comimos comida típica mexicana. Me gustan sus calles, los hoteles típicos que tiene Guanajuato. Me gustan sus teatros. ¿A ti qué te gusta de Guanajuato, mi amor?

JAJANA MEDINA:
Me gusta, porque es un lugar perdido en la historia. Todas las construcciones son muy viejas; tiene muchísima historia Guanajuato. Los callejones ..., te podrías imaginar a la gente de hace mucho tiempo caminando por ahí. También me gusta porque tiene muchos teatros; las iglesias son muy bellas, los mercados, las artesanías. Tiene mucho que ver Guanajuato. Vimos la leyenda del Callejón del Beso.

Nachdem wir im Hotel angekommen waren, gingen wir schwimmen. Dann aßen wir dort im Hotel und nachmittags haben wir einen Stadtrundgang gemacht.

Wir waren in den Museen; man kann dort viele Museen kennen lernen.

Dann haben wir das Juárez-Theater gesehen und die Basilika. Danach haben wir in einem typischen Restaurant auf der Plaza zu Abend gegessen.

Wir haben mexikanische Spezialitäten gegessen. Mir gefallen die Straßen und die typischen Hotels in Guanajuato. Ich mag seine Theater. Und was gefällt dir an Guanajuato, mein Schatz?

Mir gefällt es, weil dies so ein historischer Ort ist. Die Gebäude sind alle sehr alt; Guanajuato ist voll von Geschichte. Die kleinen Gassen ..., du kannst dir vorstellen, dass die Leute aus ganz alter Zeit dort langgehen. Und es gefällt mir auch, weil es viele Theater gibt; die Kirchen sind sehr schön, die Märkte, das Kunsthandwerk. Es gibt viel zu sehen in Guanajuato. Wir haben die Legende vom *Callejón del Beso* gesehen.

Der *Callejón del Beso*, die Gasse des Kusses, ist der Schauplatz romantischer Theaterstücke. Hier werden Legenden, die mit Guanajuato verbunden sind, in Szene gesetzt.

JAJANA MEDINA:
Guanajuato es un lugar romántico, muy romántico.

Guanajuato ist ein romantischer, ein sehr romantischer Ort.

CARLOS MEDINA:
Sí, porque hay muchas estudiantinas, las cuales te tocan alrededor de tus caminatas por el pueblo.

Ja, weil es viele Studentengruppen gibt, die dich bei deinen Spaziergängen durch das Städtchen musikalisch begleiten.

JAJANA MEDINA:
Y caminas con ellos y te tocan música romántica y música muy alegre también.

Du gehst mit ihnen mit und sie spielen romantische Musik, und auch sehr fröhliche Musik.

CARLOS MEDINA:
Hay mercados, donde puedes comprar cosas muy bellas, plata, artesanía. Comer en el mercado comida típica mexicana. ¿Qué más hay?

Es gibt Märkte, auf denen man sehr schöne Sachen kaufen kann, Silberwaren, Kunsthandwerk. Und man bekommt da auch typisch mexikanisches Essen. Was gibt es noch?

JAJANA MEDINA:
¡Es perfecto Guanajuato!

Guanajuato ist einfach perfekt!

Und damit ist Maites Videovorführung einer „perfekten" Hochzeitsreise zu Ende. Werden Claire und Carlos gleichfalls nach Mexiko aufbrechen?

Maite: Y por fin hay tres días de sol y playa en un hotel exclusivo, situado en la playa más hermosa y más tranquila de México.
Carlos: Pues, nos vamos a México, ¿no?

Maite: Und zum Schluss gibt es drei Tage Sonne und Strand in einem exklusiven Hotel am schönsten und ruhigsten Strand von Mexiko.
Carlos: Gut, dann fahren wir nach Mexiko, oder?

Einige Wochen später. Claire und Carlos haben geheiratet und sind von ihrer Hochzeitsreise zurück.

Claire: Fuimos a México para nuestra luna de miel.
Carlos: Pasamos dos días en la Ciudad de México ..., dos días en Taxco ..., tres en Acapulco.
No fuimos a Guanajuato – ¡la próxima vez!
Claire: Pero pasamos tres días inolvidables en una playa ..., ¡pero eso es un secreto!

Carlos: Sí, nos bañamos, fuimos de pesca, bailamos toda la noche e hicimos ...
Claire: ... ¡tantas cosas!

Claire: Wir waren in unseren Flitterwochen in Mexiko.
Carlos: Zwei Tage haben wir in Mexico City verbracht ..., zwei Tage in Taxco ..., drei in Acapulco.
Nach Guanajuato sind wir nicht gefahren – nächstes Mal!
Claire: Aber wir haben drei unvergessliche Tage an einem Strand verbracht ..., aber das ist ein Geheimnis!

Carlos: Ja, wir haben gebadet, geangelt, die Nächte durchgetanzt und wir haben ...
Claire: ... so viele Sachen gemacht!

13 GAUCHO

Früher ritten in Argentinien die Gauchos auf Pferden durch die Pampa und führten ein freies, unabhängiges Leben. Heute sitzt der Gaucho am Steuer eines Lieferwagens mit Funkgerät.
Néstor Vallejo ist der Sohn eines Gauchos. Er verwaltet das Landgut El Tordillo in der Provinz von Buenos Aires, mitten in der Pampa.

NÉSTOR VALLEJO:
El gaucho propiamente dicho, es decir el gaucho que usted dice gaucho, hoy no hay gaucho, es decir, visible así, y gauchos se ve por ropa y eso. El gaucho lo tenemos adentro y lo tengo yo, que ando en esta camioneta y soy gaucho. Este, estoy orgulloso de serlo.

Este, pero creo que vivían con mucha dignidad, es gente que trabajó muchísimo. Todo lo que tenemos ahora se lo debemos a ellos. Un poco al gaucho y un poco al inmigrante también, que enseñó a trabajar a ese gaucho y gracias a ellos tenemos lo que tenemos.

Echte Gauchos, also was Sie darunter verstehen, gibt es heute nicht mehr. Also den Gaucho in der klassischen Gaucho-Kleidung und so weiter. Das Gaucho-Sein trägt man in sich, so wie ich, der ich hier als Gaucho in diesem Kleinlastwagen herumfahre. Ich bin stolz, ein Gaucho zu sein.

Aber ich glaube sie lebten mit großer Würde. Diese Leute arbeiteten sehr, sehr hart. Alles, was wir heute haben, verdanken wir ihnen. Zum Teil den Gauchos und zum Teil auch den Immigranten, die den Gauchos das Arbeiten lehrten. Dank ihrer haben wir das, was wir haben.

Néstor ist auf dem Gut für alles verantwortlich.

NÉSTOR VALLEJO:
Bueno, mi trabajo, este, soy responsable de este campo, lo cual implica la atención en todo lo que sea agricultura, ganadería, ordenar los trabajos, revisarlos, supervisarlos.

Meine Arbeit …, nun ja, ich bin verantwortlich für dieses Gut. Das bedeutet, dass ich mich um alles kümmere, was mit der Land- und Viehwirtschaft zu tun hat. Ich verteile die Arbeit, überprüfe und überwache sie.

No estoy solo, sino tengo ayuda, tengo dos capataces que son mis colaboradores más inmediatos, ¿no?

Dado que la estancia, es una estancia en sí, son 9.000 hectáreas. Me comunico por radio con mis capataces. Es decir, yo me levanto en la mañana a las cinco y media, a las seis y media estoy con radio, alguna novedad, problemas, hacemos esto, hacemos lo otro ... Bueno, si tengo necesidad de venir, yo vengo, si no, con radio soluciono todo el problema.

Ich bin nicht alleine, sondern werde von zwei Vorarbeitern unterstützt, die meine engsten Mitarbeiter sind.

Das Landgut umfasst 9.000 Hektar. Ich stehe mit meinen Vorarbeitern über Funk in Verbindung. Das heißt, ich stehe morgens um halb sechs auf und ab halb sieben hänge ich ständig am Funkgerät. So erfahre ich sofort, wenn es etwas Neues oder Probleme gibt und kann Anweisungen geben, was zu tun ist. Wenn es nötig ist, fahre ich selbst hin, sonst löse ich das Problem über Funk.

Schon Néstors Vater arbeitete auf dem Gut.

NÉSTOR VALLEJO:
Mi padre trabajó en esta estancia. Se levantaba a las cuatro de la mañana para llegar a caballo a recibir órdenes a la estancia. No tenía radio, iba a caballo. Lo que yo hago en camioneta, él lo hacía a caballo.

Eso implica pérdida de tiempo, y muchas cosas. Por eso había muchísima gente trabajando, mucha. No había los equipos que hay ahora. Este, totalmente distinto; yo creo que la tecnología quitó trabajo, quitó trabajo a la gente.

Mein Vater arbeitete auch auf diesem Gut. Er stand um vier Uhr morgens auf und ritt dann aufs Gut, um Anweisungen entgegenzunehmen. Er hatte kein Funkgerät, sondern war zu Pferd unterwegs. Was ich heute mit dem Lastwagen erledige, machte er zu Pferd.

Natürlich ging deshalb alles viel langsamer. Darum arbeiteten unglaublich viele Menschen hier. Es gab damals noch nicht die Geräte, über die wir heute verfügen. Alles war vollkommen anders. Ich glaube, dass durch die moderne Technik weniger Arbeit da ist, sie hat den Leuten die Arbeit weggenommen.

Es decir, antiguamente esta estancia la trabajaban a caballo, trabajaban alrededor de 15 personas. Hoy en 10.000 hectáreas trabajan 4 personas.	Das heißt, früher, als alles zu Pferde erledigt wurde, arbeiteten hier etwa 15 Personen. Heute genügen vier Arbeitskräfte für 10.000 Hektar.
Había 200 caballos. 200 caballos para tirar un arado, tirar un disco. Hoy lo hacemos con un tractor, dos tractores, no sé, ¿es correcto? Y por eso que todo ha cambiado. Es decir, al haber aumentado la tecnología se quitó mano de obra, la gente emigró, se fue del pueblo, del campo. Abandonó todo acá.	Es gab 200 Pferde. 200 Pferde, um einen Pflug, einen Scheibenpflug, zu ziehen. Heute geht das mit einem oder zwei Traktoren, stimmt doch, oder? Und deshalb hat sich alles verändert. Mit der Zunahme der modernen Technik wurden immer weniger Arbeitskräfte gebraucht. Die Leute wanderten aus, verließen das Dorf, das Land. Sie haben hier alles aufgegeben.

Zu den letzten Gauchos gehört Carlos Ernesto Basualdo.

CARLOS ERNESTO BASUALDO:

Me llamo Carlos Ernesto Basualdo. Bueno, soy argentino, por supuesto, ¿no? Este, vivo en Piruano, el pueblito es Piruano, y soy gaucho, hasta ahora por lo menos. Sigo siendo, ¿no?	Ich heiße Carlos Ernesto Basualdo. Ich bin Argentinier, klar, und lebe in Piruano, einem Dörfchen namens Piruano. Ich bin ein Gaucho, bis jetzt zumindest. Ich bin es immer noch, nicht wahr?

Die einst großen Ländereien sind geschrumpft. Anders als seine Vorfahren, kann Carlos Ernesto nicht mehr die Weite durchstreifen. Aber das Landgut ist für ihn immer noch seine Welt.

CARLOS ERNESTO BASUALDO:

Y ahora ha cambiado mucho en la cuestión de que las estancias se han venido achicando. Muchas se han repartido en muchas revisiones, entonces no han quedado muchas estancias así.	Es hat sich dahin gehend viel verändert, dass die großen Landgüter immer mehr verkleinert wurden. Viele wurden in Gebiete aufgeteilt. Richtig große Landgüter wie dieses hier gibt es kaum noch.

Que haya gente así, mucha gente, siempre dos o tres nada más. Y acá nosotros todavía somos cuatro, para trabajar en el campo somos cuatro. Este, bueno, todavía se puede decir que es mi estancia, ¿no?

Mi padre era capataz acá en San Carlos, una estancia vecina acá. De chico nos sacaba mucho al campo, trabajando los rodeos, en la sierra. Se trabajaba mucho con el lazo.

Se enlazaba en el campo o se piolaba, también. En el campo se hacía yerra, se castraba, todo.

Es diferente ahora, ahora se hace mucho en la manga. Agarramos el yugo y ... se termina todo, ahí no más. Eso ha cambiado mucho.

Und darum sind auch nicht mehr viele Landarbeiter da, meistens sind es nur zwei oder drei. Hier sind wir immer noch zu viert, um auf dem Land zu arbeiten. Also, man kann noch sagen, dass es mein Gut ist, nicht wahr?

Mein Vater war Vorarbeiter hier in San Carlos, einem benachbarten Landgut. Als ich ein kleiner Junge war, hat er uns mit aufs Land genommen. Er hat in den Bergen das Vieh zusammengetrieben. Damals arbeitete man viel mit dem Lasso.

Man fing die Tiere mit dem Lasso oder einem Strick ein. Alles wurde auf dem offenen Feld gemacht: die Viehherden wurden mit dem Brandeisen gezeichnet und dann kastriert.

Jetzt ist das alles anders. Jetzt wird fast alles im Pferch gemacht. Wir spannen sie ins Joch und schon ist es passiert. Das hat sich sehr verändert.

Cristina de Pereyra lebt im alten Gutshaus von El Tordillo – und mit seiner Geschichte. Wie lebte Cristinas Familie früher auf dem Landgut?

CRISTINA DE PEREYRA:
Ni siquiera pileta teníamos. Nos bañábamos en la laguna y nos conformábamos, lo pasábamos muy bien.

Wir hatten nicht mal ein Waschbecken. Wir wuschen uns im See und waren zufrieden. Wir verbrachten eine schöne Zeit hier.

Ahora tenemos pileta, tenemos una cantidad de cosas, electricidad, televisión, radio, todo y ... y, bueno, no sé si lo pasamos tan bien como antes. Porque antes aquí veníamos a descansar, y ahora, quizás venimos a alejarnos un poco de la ciudad.

Inzwischen haben wir ein Waschbecken und alle möglichen anderen Sachen – Strom, Fernsehen, Radio, alles ... und trotzdem weiß ich nicht, ob es heute so schön ist wie früher. Denn damals kamen wir zur Erholung her und heute eher, um aus der Stadt zu flüchten.

Wie hat sich das Leben in der Gemeinde verändert?

CRISTINA DE PEREYRA:
La vida de la comunidad ha cambiado radicalmente, porque tenemos muchísimo menos personal que antes.

Das Leben in der Gemeinde hat sich stark verändert, weil wir jetzt viel weniger Personal als früher haben.

El campo no puede soportar mucha gente, y eso realmente es un problema social que nos aflige a todos.

Das Land kann nicht mehr für so viele Menschen sorgen, und das ist wirklich ein soziales Problem, das uns alle angeht.

La gente se ha tenido que ir a buscar otro tipo de trabajo, se ha tenido que ir a las ciudades. Así que ha cambiado radicalmente. El campo antes estaba poblado, ahora está despoblado.

Die Leute mussten sich eine andere Arbeit suchen und in die Städte gehen. Und so hat sich alles radikal verändert. Früher war das Land dicht besiedelt, heute ist es verlassen.

Emilio und Márgara de Pereyra sind die Eigentümer von El Tordillo. Für sie ist es eine Herausforderung, das Gut zu erhalten. Dafür werden vor allem neue Einnahmequellen benötigt. Emilio möchte Landwirtschaft und Viehbestand erweitern. Márgara träumt vom Tourismus.

MÁRGARA DE PEREYRA:
Este trabajo surge justamente, porque la gente viene acá y encuentra en esto un paraíso, ¿no es cierto?

Diese Arbeit hat sich ergeben, weil die Leute hierher kommen und ein Paradies entdecken, nicht wahr?

Y, bueno, nosotros quisimos trasmitir todo eso, y buscando la paz. Y yo pienso que la gente de afuera lo valora de pronto más que nadie, porque es un contraste a la vida agitada que uno lleva en la ciudad.

Bueno, acá uno tiene aire puro, paz, tranquilidad y la naturaleza, ¿no?

Si se quiere, se puede pescar, se puede cazar, se puede andar a caballo, se puede mirar pájaros, se puede descansar, se puede comer bien. Es decir, se puede trasmitir toda nuestra vida al que viene a pasar un tiempo acá, ¿no es cierto?

Und das alles wollten wir weitergeben, auch die Suche nach Frieden. Und ich glaube, die Leute von außerhalb wissen das wahrscheinlich mehr als irgendjemand zu schätzen, denn das ist ein Kontrast zu dem hektischen Leben, das man in der Stadt führt.

Hier gibt es frische und saubere Luft, Frieden, Stille und die Natur.

Wer möchte, kann angeln gehen, jagen, reiten, Vögel beobachten; man kann sich ausruhen, gut essen. Das heißt, den Leuten, die hierher kommen, können wir unsere Art zu leben vermitteln, nicht wahr?

Stören Cristina die Touristen in ihrem Haus?

CRISTINA DE PEREYRA:
No, me encanta. O sea que me gusta, me gusta la gente, disfruto que la gente disfrute con esto. Para mí es un paraíso.

Nein, mir gefällt das. Ich mag die Leute, finde es schön, dass sie dies hier alles so genießen. Für mich ist das hier ein Paradies.

Und wovon träumt sie noch?

CRISTINA DE PEREYRA:
Mis esperanzas son enormes, porque sigo creyendo que la tierra es lo más noble que existe.

Creo que es lo único. Y a mí me ha gratificado muchísimo, me ha dado todo.

Ich habe große Hoffnungen, denn ich glaube immer noch, dass Land das Edelste ist, was es gibt.

Ich glaube, es ist das einzig Wahre. Mir hat es viel geschenkt, es hat mir alles gegeben.

Und wovon träumt Néstor?

NÉSTOR VALLEJO:
Yo, el futuro lo veo ..., lo estamos haciendo, creo, o tenemos que hacerlo.

Mi obligación de futuro es educar a mi hijo, está estudiando agrícola, no sé si va a seguir veterinaria, qué va a seguir, pero yo veo un gran futuro. Es un país rico éste, tiene que tener futuro.

Die Zukunft sehe ich so ..., ich glaube, dass wir sie selbst formen, oder sie formen müssen.

Meine Pflicht für die Zukunft ist es, meinem Sohn eine Ausbildung zu ermöglichen. Er studiert Landwirtschaft, vielleicht wird er noch Tiermedizin weiterstudieren, ich weiß nicht, was kommt. Aber auf jeden Fall sehe ich eine großartige Zukunft. Das ist so ein reiches Land, es muss einfach eine Zukunft haben.

Und die Gauchos? Sind sie schon Vergangenheit?

CARLOS ERNESTO BASUALDO:
Yo creo que no, yo digo que no. Todavía algunos quedan. Todos no se han ido, algunos quedan.

Das glaube ich nicht, nein, würde ich nicht sagen. Es gibt immer noch einige. Es sind nicht alle gegangen, einige sind noch da.

14 EL BOSQUE
DER WALD

Costa Rica ist ein Paradies für Naturfreunde. Bisher war das Land vom Export abhängig – von Kaffee, Palmöl und Bananen. Im Grunde ist Costa Rica ein Agrarland geblieben. Ein Drittel der drei Millionen Einwohner lebt in der Hauptstadt San José. Costa Rica rühmt sich, eines der friedlichsten und demokratischsten Länder Lateinamerikas zu sein. Die Tourismusindustrie blüht, und einige sehen darin eine Gefahr für das ökologische Gleichgewicht. Carlos Alberto López ist Biologe und Reiseführer – und hat einen besonderen Traum.

CARLOS ALBERTO LÓPEZ:
¿Qué tal? Mi nombre es Carlos Alberto López, soy costarricense, vivo en el área de San José y trabajo como guía naturalista.

Wie geht's? Mein Name ist Carlos Alberto López, ich bin Costa-Ricaner und lebe im Großraum von San José. Ich arbeite als Naturführer.

Er möchte in Costa Rica den modernen Tourismus mit dem Naturschutz in Einklang bringen. Schlüssel dazu ist für ihn die Bildung.
Carlos Alberto arbeitet für den Reiseveranstalter *Horizontes*, der auf Ökotourismus spezialisiert ist und Tourismus als Naturerkundung versteht. Carlos Alberto, auch „Cabeto" genannt, arbeitet am liebsten mit Kindern.

Cabeto: Buenos días.
Niños: Buenos días.
Cabeto: ¿Bien?
Niños: Bien, ¿y usted?
Cabeto: Hoy vamos a pasar todo el día juntos y me gustaría poder presentarme con ustedes para que sepan quién soy yo.

Mi nombre es Carlos Alberto y la mayoría de la gente me dice Cabeto. Entonces, por favor, si quieren decirme así, está bien. Hoy vamos a pasar todo el día en la reserva biológica de Carara. ¿Ustedes la conocen? ¿Sí?

Cabeto: Guten Tag.
Kinder: Guten Tag.
Cabeto: Alles in Ordnung?
Kinder: Alles klar, und bei Ihnen?
Cabeto: Wir werden heute den ganzen Tag miteinander verbringen, deshalb möchte ich mich euch kurz vorstellen, damit ihr wisst, wer ich bin.

Ich heiße Carlos Alberto und die meisten Leute nennen mich Cabeto. Ihr könnt mich gerne auch so nennen, wenn ihr wollt. Den Tag heute verbringen wir im Naturschutzgebiet Carara. Kennt ihr das? Ja?

Niños: Sí, señor.
Cabeto: Muy bien. Vamos a hablar sobre todo de historia natural, porque a mí eso es lo que me gusta. Yo soy biólogo, yo trabajo en el campo. Me gusta andar con gente hablando sobre historia natural. Y vamos a encontrar una gran cantidad de fauna y de vida silvestre, y vamos a hablar sobre ecología y otras cosas. ¿Les interesa, sí?
Niños: Sí, señor.
Cabeto: Muy bien.

Kinder: Ja.
Cabeto: Sehr gut. Wir werden vor allem über Naturkunde sprechen, denn das ist mein Lieblingsthema. Ich bin Biologe und arbeite auf dem Land. Ich führe gerne Leute herum und erzähle ihnen etwas über die Natur. Wir werden heute eine Menge Tiere und Pflanzen sehen und über Ökologie und andere Sachen reden. Interessiert euch das?
Kinder: Ja.
Cabeto: Sehr gut.

CARLOS ALBERTO LÓPEZ:
Me gusta la capacidad o la posibilidad que tenemos de informar a la gente sobre ciertas cosas que son urgentes en este momento, como ahora está por dicha en boga el hecho de que la gente quiere conservar los recursos naturales.

Es importante que ellos sepan por qué. Entonces, muchos de nosotros hemos abandonado el campo de la biología y nos hemos dedicado a educar a la gente aquí en el bosque.

Es mucho más lindo trabajar con niños, también es mucho más gratificante. Me gusta mucho más trabajar con los chiquitos, porque en el futuro ellos van a poder tomar decisiones y probablemente no van a cometer los mismos errores que cometimos nosotros.

Mir gefällt es, dass wir die Fähigkeit oder die Möglichkeit haben, die Leute über Dinge zu informieren, die im Moment wichtig sind. Zumal es glücklicherweise ja im Moment angesagt ist, die natürlichen Ressourcen erhalten zu wollen.

Es ist wichtig, dass die Leute auch wissen, warum. Deshalb sind viele von uns nicht mehr als Biologen tätig, sondern machen stattdessen Führungen hier durch den Wald.

Es ist viel schöner, mit Kindern zu arbeiten, es ist auch viel befriedigender. Ich arbeite viel lieber mit den Kleinen zusammen, weil sie in der Zukunft die Entscheidungen treffen werden und wahrscheinlich nicht die gleichen Fehler machen werden wie wir.

Y es muy importante que en el futuro se tomen decisiones acertadas, porque si no, vamos a estar en más problemas que ahora inclusive.

Personalmente me gustaría tener un centro donde pudiera educar a niños de todo el mundo, educarlos sobre las características y la importancia del bosque tropical.

CABETO (a los niños):
Bueno, el bosque de Carara es un bosque muy interesante, porque ustedes no pueden decir ni que es un bosque tropical húmedo ni que es un bosque seco. Precisamente es de los dos.

CARLOS ALBERTO LÓPEZ:
La biodiversidad es la amplia gama que tenemos de formas de vida que existen sobre la Tierra.

Y en este caso, pues ya al hablar nosotros de biodiversidad, incluimos como todas las relaciones, como todos los organismos; todo lo que tiene que ver para formar este gran recurso que es el recurso de la vida silvestre, el recurso de la Tierra en última estancia.

Und es ist sehr wichtig, dass in der Zukunft die richtigen Entscheidungen getroffen werden, denn sonst werden wir sogar noch mehr Probleme haben als heute schon.

Ich persönlich würde gerne ein Zentrum leiten, in dem ich Kindern aus aller Welt die Besonderheiten und die Wichtigkeit des tropischen Regenwaldes erklären könnte.

CABETO (zu den Kindern):
Also, der Wald von Carara ist sehr interessant, weil ihr ihn weder als Regenwald noch als Trockenwald bezeichnen könnt. Er ist nämlich genau beides.

Die biologische Vielfalt besteht in der großen Bandbreite an Lebensformen auf der Erde.

Und wenn wir in diesem Fall von biologischer Vielfalt reden, dann meinen wir die ganzen Beziehungen, die ganzen Organismen; alles, was zu dieser großen Ressource beiträgt, die wir Regenwald nennen – im Endeffekt ist das die Ressource, die der Planet Erde hat.

Bezogen auf seine geografische Ausbreitung hat Costa Rica weltweit die größte Artenvielfalt.

CARLOS ALBERTO LÓPEZ:
Podemos decir que Costa Rica definitivamente es un país tropical, porque estamos dentro de la zona tropical.

Costa Rica es un país con una gran biodiversidad, lo que implica que nosotros tenemos más de ochocientas especies de pájaros, tenemos más de doscientas especies de mamíferos, y la lista sigue por el estilo. Entonces, realmente lo que podemos decir es que la biodiversidad en Costa Rica es sumamente rica, sumamente amplia.

Sin embargo, para el tamaño de Costa Rica, para ser un país tan pequeño, nosotros tenemos no sólo una gran variedad de formas de vida, sino que es un reflejo de muchas variedades de clima, de muchas variedades de asociaciones, precisamente por una topografía muy interesante: las montañas en el centro del país, dos costas a los lados.

Nosotros estamos al sur del continente norteamericano y al norte del continente sudamericano, lo que ha hecho que las dos grandes faunas y grandes floras de los dos continentes se mezclen aquí, en estas áreas de Panamá, de Costa Rica y del sur de Nicaragua.

Wir können definitiv sagen, dass Costa Rica ein tropisches Land ist, weil wir uns inmitten der tropischen Zone befinden.

Costa Rica ist ein Land mit einer großen biologischen Vielfalt, denn wir haben mehr als achthundert Arten von Vögeln, mehr als zweihundert Arten von Säugetieren und so weiter, und so weiter. Wir können also guten Gewissens behaupten, dass die biologische Vielfalt in Costa Rica sehr reich, sehr groß ist.

Andererseits hat Costa Rica dafür, dass es ein so kleines Land ist, nicht nur einen enormen Variantenreichtum an Lebensformen, sondern auch eine große Vielfalt von Klimazonen und Landschaften, als Folge der interessanten Topografie: Berge im Landesinneren und auf beiden Seiten Küste.

Wir befinden uns im Süden des nordamerikanischen Kontinents und im Norden des südamerikanischen. Dementsprechend haben sich Fauna und Flora beider Kontinente hier vermischt, also in Costa Rica, Panama und dem Süden Nicaraguas.

Wichtig für die Erhaltung der Flora und Fauna Costa Ricas ist das Katalogisieren von Pflanzen und Insekten. Rosita Guzmán arbeitet für INBio, das Institut für Artenvielfalt.

CARLOS ALBERTO LÓPEZ:
El INBio tiene como meta principal hacer una recolección, una recopilación lo más entera posible que nos pueda facilitar a nosotros saber con qué contamos, ¿no? En lo que es historia natural, cuáles son las plantas que existen en el país por lo menos, cuáles son las familias, y, en términos muy generales, cuáles son las familias de aquellos animales que no conocemos.

Sobre todo los insectos, porque existen colecciones muy buenas de algunas cosas, como excelentes colecciones de pájaros, excelentes colecciones de mamíferos, pero no existen colecciones realmente intensas de insectos.

Die Hauptaufgabe des INBio ist die Anfertigung einer so vollständig wie möglichen Zusammenstellung, mit deren Hilfe wir wissen können, was wir hier alles haben, nicht wahr? In naturwissenschaftlicher Hinsicht also, welche Pflanzen und Pflanzenfamilien es in diesem Land gibt und, ganz allgemein gesprochen, zu welchen Familien die Tiere gehören, die wir nicht kennen.

Insbesondere gilt das für die Insekten, denn für andere Tierarten wie Vögel und Säugetiere gibt es bereits sehr gute Verzeichnisse, aber für die Insekten gibt es keine vollständigen Sammlungen.

Rosita möchte, wie Carlos, insbesondere bei der jungen Generation Interesse für die Natur und ihre tierischen Bewohner wecken.

Rosita: Bueno, esto es un corculioni, vean qué grande que tiene el pico. Por eso se diferencia de otras familias.

Niño: ¿Y para qué tiene ese pico tan grande?
Rosita: Es que más que todo es para el sexo, porque él con esto toca a la hembra, entonces así es que la excita y todo eso.

Rosita: Gut, das ist ein *corculioni* (Rüsselkäfer). Seht mal, was er für einen langen Rüssel hat. Das unterscheidet ihn von anderen Familien.
Junge: Warum hat er so einen langen Rüssel?
Rosita: Hauptsächlich für die Paarung, denn damit berührt er das Weibchen, also so erregt er es und so weiter.

Niño: ¿Y ése qué es, macho o hembra?
Rosita: Macho, sólo los machos tienen picos así grandes.

Rosita: Ésta es una cucaracha, que ustedes conocen, pero es la más grande de todas. Y ésta es una mantis religiosa, también es la más grande de todas. Ésta es una mariposa que ustedes conocen. ¿Saben cómo se llama?
Niños: Sí, morfa.
Rosita: Ésta es la morfa.
Niña: ¿Y ése cómo se llama, ése que hay ahí?
Rosita: Ése se llama upestrice, es un coleóptero, un abejón que ustedes conocen.

Junge: Ist das hier jetzt ein Männchen oder ein Weibchen?
Rosita: Ein Männchen, nur die Männchen haben so lange Rüssel.

Rosita: Das ist eine Kakerlake, wie ihr sie ja kennt, aber diese hier ist die größte von allen, die es gibt. Das hier ist eine Gottesanbeterin, ebenfalls die größte ihrer Art. Dies hier ist ein Schmetterling, den kennt ihr ja. Wisst ihr, wie er heißt?
Kinder: Ja, Zitronenfalter.
Rosita: Das ist der Zitronenfalter.
Mädchen: Und wie heißt dieser dort?
Rosita: Der heißt *upestrice*, das ist ein Käfer, den ihr kennt.

Der Tourismus darf in Costa Rica nicht die Artenvielfalt gefährden. Das Land muss das Beste aus seinen natürlichen Ressourcen machen, ohne sie zu gefährden.

CARLOS ALBERTO LÓPEZ:
La importancia de la biodiversidad y el ecoturismo en nuestro país se basa en función de cada uno. Nosotros somos un país pequeño, un país que tiene una economía bastante frágil. Nos hemos dedicado toda la vida a la exportación de café y banano.

Y en este momento nosotros tenemos un boom turístico que viene precisamente a ver lo que Costa Rica ha estado elaborando durante los últimos venticinco

Biologische Vielfalt und Ökotourismus spielen in unserem Land beide eine wichtige Rolle. Wir sind ein kleines Land mit einer ziemlich schwachen Wirtschaft. Wir haben immer nur Kaffee und Bananen exportiert.

Und jetzt haben wir einen Touristen-Boom, und die Touristen kommen, um genau das zu sehen, was Costa Rica in den letzten 25 Jahren entwickelt hat –

años, que es un sistema muy fuerte, muy bien elaborado de parques nacionales, de sistemas de áreas protegidas, por los que hemos ganado mucha celebridad a nivel mundial.

Entonces, en este momento el ecoturismo es una de las fuentes principales de divisas y precisamente está justificando el hecho de que por muchos años estas áreas se hayan mantenido protegidas.

El problema ha sido en estos últimos años que se ha estimulado por diferentes medios el turismo masivo.

Y este tipo de turismo es mucho más difícil de manejar, porque es un turismo que tiene mucho más impacto. Aun cuando definitivamente hay que admitir que el turismo es la forma menos impactante sobre el medio, también hay que tener cuidado de hasta dónde se llega, cuál es el límite de carga que puede tener ese sistema.

El pueblo costarricense afortunadamente es un pueblo que ha recibido buena educación desde la infancia. Tenemos muchos años en que los gobiernos se han preocupado por la educación de nuestro país. Los costarricenses están preparados para este tipo de ideas.

ein sehr solides und ausgeklügeltes System von Nationalparks und Naturschutzgebieten. Das hat uns weltweite Anerkennung gebracht.

Zurzeit ist der Ökotourismus eine der Hauptdevisenquellen, und genau deshalb hat es sich bewährt, dass diese Gebiete schon seit vielen Jahren unter Naturschutz stehen.

Seit einiger Zeit haben wir nun das Problem, dass durch die verschiedenen Medien der Massentourismus gefördert wurde.

Und diese Art von Tourismus ist viel schwerer zu handhaben, weil es ein Tourismus mit wesentlich gravierenderen Auswirkungen ist. Auch wenn man andererseits zugeben muss, dass der Tourismus noch das geringste Übel für die Natur ist, muss man schon auch aufpassen, wie weit man gehen kann, und welche Last dieses System tragen kann.

Die Costa-Ricaner sind glücklicherweise ein Volk, das seit der Kindheit eine gute Schulbildung erhalten hat. Seit vielen Jahren haben sich die Regierungen um Bildung in unserem Land gekümmert. Die Costa-Ricaner sind für solche Ideen vorbereitet.

Definitivamente hay que trabajar un poco más, porque el concepto es nuevo, el concepto también es difícil de manejar en un país que es netamente agrícola, donde la gente necesita la tierra para trabajar.

Pero definitivamente esto del turismo ha venido a recalcar la importancia que tiene el bosque en forma natural, que puede ser no necesariamente cortándolo, sino que tiene otros usos también.

Wir müssen ganz sicher noch etwas daran arbeiten, weil es sich um ein neues Konzept handelt. Seine Verwirklichung ist auch deshalb schwierig, weil wir es hier mit einem reinen Agrarland zu tun haben, dessen Bewohner auf das Land als Einnahmequelle angewiesen sind.

Aber auf jeden Fall hat die Sache mit dem Tourismus den Leuten die Bedeutung des natürlichen Waldes noch einmal verdeutlicht; nämlich, dass er nicht nur zum Abholzen da ist, sondern vielfältigen Nutzen hat.

Das Engagement von Menschen wie Cabeto könnte Costa Ricas künftigen Generationen helfen, ihren Wald – *el bosque* – schätzen zu lernen.

CARLOS ALBERTO LÓPEZ:

A mí siempre me ha gustado la educación personalmente. Mi sueño siempre ha sido tener una facilidad propia o un lugar propio donde pudiera tener niños de varios países; ojalá fueran la mayoría latinoamericanos o de países no industrializados ... y poder ayudarlos a que comprendan un poco más la importancia y lo interesante del bosque tropical, la importancia de protegerlo ... y poder trabajar con ellos en campamentos, poder trabajar con ellos en giras.

Sinceramente lo que más me gustaría es trabajar con niños en el bosque.

Mir war Bildung immer ein persönliches Anliegen. Mein Traum war es immer, eine eigene Einrichtung zu haben oder einen eigenen Ort, an dem ich Kinder aus vielen Ländern zusammenbringe, am besten Kinder aus lateinamerikanischen Ländern oder aus nicht industrialisierten Ländern ... und ihnen dabei zu helfen, etwas besser zu verstehen, wie wichtig und wie interessant der Regenwald ist und dass er unbedingt geschützt werden muss. Ich möchte Camps und Touren mit ihnen durchführen.

Das ist es wirklich, was ich am liebsten tun würde – mit Kindern im Wald arbeiten.

15 CONQUISTADORES

Im Westen Spaniens liegt die Provinz Extremadura. Guadalupe ist nicht nur eine der ältesten historischen Stätten Spaniens, sondern auch ein Symbol der Brücke zu Amerika. Heutzutage lassen sich Paare aus der ganzen spanischsprachigen Welt im Kloster von Guadalupe trauen.
So kehren diejenigen, die einst auf der Suche nach einem besseren Leben weggingen, zurück zu ihren spanischen Wurzeln, zur *hispanidad*.

FRAY JUAN:
¿Por qué vienen a Guadalupe a casarse?
Pues vienen, por muchas maneras.
En primer lugar, por el centro mariano que atrae a las personas que tienen devoción a la Virgen de Guadalupe. En segundo lugar, porque es un sitio acogedor, donde se encuentra todo en la misma casa: tiene hotel, hospedería y centro mariano. Obra y arte, y sosiego y paz.

A Guadalupe le llaman la cuna de la hispanidad.

En Guadalupe, Cristóbal Colón estuvo tres veces. En Guadalupe se firmaron las primeras cartas para la toma de Granada.

Y de Guadalupe salieron los primeros misioneros para Hispanoamérica.

BRUDER JUAN:
Warum kommen sie nach Guadalupe, um zu heiraten?
Sie kommen aus verschiedenen Gründen.
Zunächst einmal ist da das Marien-Zentrum, das die Menschen anzieht, die die Jungfrau von Guadalupe anbeten. Zweitens ist dies ein sehr einladender Ort, wo man alles unter einem Dach findet: Hotel, Herberge und das Marien-Zentrum. Arbeit und Kunst, und Ruhe und Frieden.

Guadalupe wird die Wiege der Hispanität genannt.

Christoph Kolumbus war dreimal in Guadalupe. In Guadalupe wurden die ersten Dokumente für die Eroberung von Granada unterzeichnet.

Und von Guadalupe aus machten sich die ersten Missionare in die Neue Welt auf.

Viele *conquistadores*, die Eroberer der Neuen Welt, kamen aus Extremadura: Pizarro, Orellana und der Eroberer Mexikos, Hernán Cortés. Wer waren diese *conquistadores*? Weshalb kamen so viele aus Extremadura? Dazu der Historiker Esteban Cortijo:

ESTEBAN CORTIJO:
Había de todas las clases sociales desde el principio. Y eran tanto guerreros como eclesiásticos -religiosos-, o eran juristas, o también, como en algunos casos, eran comerciantes, agricultores, también mujeres.

Las condiciones de vida de Extremadura eran extremas, eran radicales, tanto en el clima como en la propia condición de calidad de vida, de forma de vida. Y éstos, cuando llegaron a América, parece ser que cuando otros se asentaban ellos seguían aún más, aún más. Creo que en ese aún más y en ese andar un poquito más allá, hay algo del carácter de los extremeños.

Yo pienso que en Extremadura, como en otros países, la necesidad, o sea el hambre, era una de las razones para irse; pero no sólo el hambre, también había un sueño, creo yo.

Había un sueño porque si no, cuando llegan a Nueva España, llegan a las primeras islas, a las primeras colonias, se hubieran asentado de secretarios, de gobernadores, de obispos.

Y hubo muchos, como Hernán Cortés, como Pizarro, Núñez de Balboa, que siguieron hacia adelante, por su propia inquietud, por su propio deseo, por su propio sueño.

Von Anfang an waren alle sozialen Schichten vertreten. Es waren sowohl Soldaten als auch Geistliche, es waren Juristen oder auch, wie in einigen Fällen, Händler, Bauern, auch Frauen.

Die Lebensbedingungen in Extremadura waren extrem schlecht, das Klima war rau, die Lebensqualität gering. Und als diese Menschen nach Amerika kamen, scheint es, dass – wenn andere sich bereits niederließen – die Leute aus Extremadura immer noch ein Stück weitergingen, und dann noch mal ein Stück. Dieses Immer-weiter-Gehen ist wohl ein typischer Charakterzug der Menschen aus Extremadura.

Ich denke, dass in Extremadura, wie auch in anderen Ländern, die Not, das heißt der Hunger, einer der Gründe war, das Land zu verlassen. Aber es war nicht nur das, es gab auch einen Traum, denke ich.

Es gab einen Traum, denn sonst hätten sie sich nach der Ankunft in „Nueva España" auf den ersten Inseln, den ersten Kolonien als Beamte, Gouverneure oder Bischöfe niedergelassen.

Es gab viele, wie Hernán Cortés, Pizarro oder Núñez de Balboa, die von ihrer Rastlosigkeit und von ihren Wünschen und Träumen immer weiter getrieben wurden.

Zusammen mit seinen Kindern begibt sich Esteban auf eine Reise duch die Geschichte Extremaduras, die weit in die Zeit vor den Eroberern zurückreicht.

Esteban: Bueno, este es el Teatro Romano de Mérida.
Hija: ¿Cuál es el origen de este teatro, papá?
Esteban: El origen es el mismo que la cuidad de Mérida, el año 25 antes de Jesucristo.

Aquí vinieron unos soldados romanos licenciados y fundaron la ciudad que se llamó Emerita Augusta.

El teatro, como veis, tiene tres partes diferenciadas: la escena con las columnas, la orquesta donde va el coro para acompañar las representaciones teatrales de la época, y luego el graderío. Un graderío en el cual caben exactamente seis mil personas nada menos.

El anfiteatro lo hicieron el mismo año que el teatro.

El anfiteatro es donde se llevaban a cabo y se simulaban batallas y luchas entre fieras y gladiadores.

Os podéis dar cuenta si miráis allí a la derecha, que es por donde salían los gladiadores, y a la izquierda es por donde salían las fieras, sobre todo jabalíes. Como veis, el anfiteatro es bastante más grande que el teatro.

Esteban: Dies ist das römische Theater von Mérida.
Tochter: Was ist der Ursprung dieses Theaters, Papa?
Esteban: Das Theater entstand zeitgleich mit der Stadt Mérida, 25 vor Christus.

Aus dem Dienst verabschiedete römische Soldaten kamen hierher und gründeten die Stadt, die sie Emerita Augusta nannten.

Wie ihr seht, besteht das Theater aus drei unterschiedlichen Teilen: der Bühne mit den Säulen, dem Orchestergraben, aus dem heraus ein Chor die historischen Theateraufführungen begleitete, und schließlich den Rängen, auf denen genau sechstausend Personen Platz finden.

Das Amphitheater wurde im selben Jahr wie das Theater gebaut.

Im Amphitheater wurden Schlachten nachgestellt und Kämpfe zwischen wilden Tieren und Gladiatoren veranstaltet.

Ihr könnt das verstehen, wenn ihr dort nach rechts schaut. Von dort zogen die Gladiatoren ein, und von links kamen die Tiere, meistens waren es Wildschweine. Wie ihr seht, ist das Amphitheater viel größer als das Theater.

Herausragendes Erbe der *conquistadores* sind die Paläste, Kirchen und Klöster Extremaduras – erbaut mit dem in der Neuen Welt gemachten Vermögen. In Trujillo wird das besonders deutlich. Matilde Muro ist in Trujillo zu Hause und sie liebt es, Freunde auf einer Entdeckungstour durch die Stadt zu begleiten.

MATILDE MURO:
Esta es la plaza de la ciudad, éste es el caballo de Pizarro, al fondo está el Palacio de la Conquista. Se construyó en el año 1542 con el dinero procedente de la conquista de América, de la conquista del Perú.

Das ist der Stadtplatz. Das ist das Pferd von Pizarro. Da hinten liegt der Palast der Eroberung. Er wurde 1542 erbaut, mit Geldern aus Amerika, nach der Eroberung Perus.

A la izquierda aparece de nuevo un palacio. A la derecha, como veis, hay también un conjunto de palacios; detrás tenemos una iglesia; a la izquierda también detrás de nuevo un palacio que podemos ver si vamos hacia él.

Links ist noch ein weiterer Palast. Wie ihr seht, befindet sich rechts noch eine Gruppe von Palästen. Dahinter haben wir eine Kirche; und ebenfalls dahinten auf der linken Seite noch mal einen Palast, den wir sehen können, wenn wir in diese Richtung gehen.

Dank der Unterstützung von Leuten wie Matilde werden in Trujillo jetzt viele Häuser restauriert. So war es auch der Traum des verstorbenen Javier de Salas und seiner Frau Carmen, das mittelalterliche Franziskanerkloster La Coria wieder in alter Schönheit entstehen zu lassen.

CARMEN DE SALAS:
Pues en un principio fue una gran admiración; qué belleza había allí enterrada entre una serie de escombros; qué interesante tratar de saber cuál era lo demás que estaba allá e inmediatamente pensar: 'esto no se puede dejar arruinarse. Esto tiene que salvarse'.

Am Anfang haben wir die Schönheit bewundert, die da begraben war in einem großen Haufen Schutt. Wir dachten, wie interessant es sein müsse zu erkunden, was es da wohl noch zu finden gab, und sagten uns sofort: „Das darf man nicht verfallen lassen, das muss man retten."

Es un resto de una vida medieval absolutamente intacto, puesto que estaba enterrado entre escombros desde hacía siglos.	Es handelt sich um einen Überrest mittelalterlichen Lebens, der vollkommen intakt ist, da er ja seit Jahrhunderten hier vergraben ist.
Pero pronto mi marido y yo comprobamos que era muy auténtico, que no había sufrido transformaciones y que tenía un especial interés.	Bald schon stellten mein Mann und ich fest, dass alles sehr authentisch war, dass nichts verändert worden war und dass es eine große Bedeutung hatte.
Entonces decidimos hacer la fundación, que lleva el nombre de mi marido, que es la Fundación Javier de Salas; con el fin de estudiar las relaciones históricas entre Extremadura y España y América.	Wir haben uns deshalb entschlossen, diese Stiftung zu gründen, die den Namen meines Mannes trägt, die „Fundación Javier de Salas"; mit dem Ziel, die historischen Beziehungen zwischen Extremadura, Spanien und Amerika zu untersuchen.

Mit Hilfe von Carmens Sohn Jaime wurde La Coria zum Zentrum und Museum für Historiker aus Spanien und Lateinamerika. Einheimische werden hier ermutigt, sich mit ihrer Geschichte auseinander zu setzen. So auch Juan Antonio, der mit seiner Familie gekommen ist, um das Kloster zu besichtigen.

Juan Antonio: Nos encontramos en el claustro del convento, cuya construcción data del siglo XVI. **Niño:** ¿Qué es eso? **Juan Antonio:** Es la cisterna de lo que fue un aljibe árabe, porque este edificio fue un alcázar árabe. Ahora vamos a pasar a ver el museo.	**Juan Antonio:** Wir befinden uns im Kreuzgang des Klosters, dessen Bau aus dem 16. Jahrhundert stammt. **Junge:** Was ist das? **Juan Antonio:** Das ist die Zisterne eines arabischen Wasserbeckens, denn dieses Gebäude war eine arabische Festung. Jetzt gehen wir zum Museum.

Im Mittelpunkt des Museums steht die Büste von Francisco Pizarro.

Juan Antonio: El objeto más preciado que tenemos en el museo es el busto en bronce de Francisco Pizarro, que era natural de Trujillo. Nació en el año 1479 y murió en Lima en 1541. El busto es muy interesante, porque se ha hecho a raíz del cráneo de Francisco Pizarro.

Juan Antonio: Das wichtigste Stück, das wir im Museum haben, ist die bronzene Büste von Francisco Pizarro, der 1479 in Trujillo geboren wurde und 1541 in Lima starb. Diese Büste ist sehr interessant, weil sie wirklich vom Schädel Pizarros geformt wurde.

Die Geschichte der *conquistadores* ist von Gewalt und Blut gezeichnet. Einrichtungen wie La Coria wollen bei Spaniern und Lateinamerikanern ein anderes Bewusstsein für Schrecken und Glanz der *conquista* wecken.
Die *Paradores* zeigen den lebendigen Umgang mit der Geschichte: aus Palästen und Klöstern – den Zeugnissen des Wohlstands und dem Erbe der *conquistadores* – wurden Luxushotels.

ESTEBAN CORTIJO:
Yo entiendo que los Paradores Nacionales están cubriendo y han cubierto un papel importantísimo en el camino de restauración de la obra arquitectónica del pasado.

Ich denke, dass die staatlichen *Paradores* eine äußerst wichtige Rolle bei der Restaurierung der historischen Architektur gespielt haben und spielen.

Muchos de ellos están en grandes conventos, palacios, incluso iglesias. Se han integrado en la vida real, en la vida social, económica de las poblaciones en las que están situados. O sea, creo que el Parador Nacional, en ese sentido, pues ha integrado en la vida actual y moderna lo que era simplemente pasado y piedras.

Viele dieser *Paradores* sind ehemalige Klöster, Paläste, sogar Kirchen. Sie wurden in das normale Leben integriert, in das wirtschaftliche und soziale Leben der Gemeinden, zu denen sie gehören. Ich würde sagen, dass der *Parador Nacional* dasjenige in das gegenwärtige und moderne Leben integriert hat, was nichts als Vergangenheit und alte Steine war.

Auch heute noch verlassen Menschen das Land – auf der Suche nach Arbeit, nach einer besseren Zukunft. Traditionsbewusst kehren sie zum alljährlichen Dorffest nach Hause zurück.

Was bedeutet ihnen Extremadura? Wie fühlt sich ein *extremeño* weit weg von zu Hause?

Mujer 1: Nosotros los extremeños somos muy de nuestra tierra, ¿no? El lenguaje ya es muy característico. Lo llevo a todos los sitios, ¿no? Y Extremadura para mí en particular, es algo muy grande.

Hombre: Hombre, pues, te sientes orgulloso de ser extremeño, ¿no? Gente, como te digo, de descubridores ... Te llena mucho vivir en Extremadura.

Mujer 2: Ser un poquito Quijote, y conquistador, ¿no? Bueno, sé que tenemos un peso mundial muy grande por Sudamérica. De todas maneras, no creo que esté bien hecho lo que hacemos. Yo creo que deberíamos ser más amigos de los sudamericanos de lo que somos.

Fray Juan: Hombre, para mí Extremadura, pues precisamente significa todo: es mi tierra, es ... ¿Qué puedo decirle? Todo lo que se hable de Extremadura sería poco.

Lo que quisiera es que comprendieran lo que es Extremadura hoy, lo que fue antes y lo que será mañana.

Frau 1: Wir, die *extremeños*, sind sehr heimatverbunden, nicht wahr? Die Sprechweise der *extremeños* ist etwas ganz Charakteristisches. Das nehme ich überall mit hin, nicht wahr? Und für mich besonders ist Extremadura etwas ganz Großes.

Mann: Na klar ist man stolz, ein *extremeño* zu sein. Es ist ein Menschenschlag der Entdecker sozusagen. Es erfüllt einen sehr, in Extremadura zu leben.

Frau 2: Das ist ein bisschen wie Don Quijote zu sein und ein bisschen wie ein Eroberer. Gut, ich weiß, dass wir bezüglich Südamerika eine große Verantwortung tragen. Allerdings glaube ich, dass es nicht richtig ist, was wir tun. Wir sollten den Südamerikanern bessere Freunde sein, als wir es sind.

Bruder Juan: Also, für mich bedeutet Extremadura einfach alles. Sie ist meine Heimat, sie ist ... Was kann ich Ihnen sagen? Alles, was man über Extremadura reden würde, wäre zu wenig.

Ich hätte gerne, dass die Leute verstehen, was Extremadura heute ist, was sie früher war und was sie morgen sein wird.

Wie sieht die Zukunft eines Landes aus, in dem viele Menschen ihre Spuren hinterließen, aber nur wenige geblieben sind?

ESTEBAN CORTIJO:	
Siempre Extremadura ha sido puente para pasar de un sitio a otro y quedarse muy poco tiempo. Pues bien, Extremadura podría ser perfectamente uno de los pilares fundamentales de ese acueducto, de ese puente largo, que uniera Europa y América.	Extremadura war immer eine Brücke, auf der man von einem Ort zum anderen ging und sich nur kurz aufhielt. Das heißt, Extremadura könnte ohne weiteres eine der Säulen des Aquädukts, der langen Brücke sein, die Europa und Amerika miteinander verbindet.

Zum Abschluss noch einmal zurück ins Museum Javier de Salas. Dort erinnert eine Büste an einen der bedeutendsten literarischen Vertreter der Neuen Welt: den chilenischen Lyriker Pablo Neruda. Auch er hatte einen Traum.

...	...
todo es mi noche, todo es mi día, todo es mi aire, todo es lo que vivo, sufro, levanto y agonizo.	alles ist meine Nacht, alles ist mein Tag, alles ist meine Luft, das alles lebe ich, leide ich, richte ich auf und sterbe.
América, no de noche ni de luz están hechas las sílabas que canto.	Amerika, nicht aus Nächtlichem noch aus Licht sind die Silben gemacht, die ich singe.
De tierra es la materia apoderada del fulgor y del pan de mi victoria, y no es sueño mi sueño sino tierra. ...	Aus Erde ist machtvoll die Materie des Glanzes und Brotes meines Sieges, und nicht Traum ist mein Traum, sondern Erde. ...

(Aus: Pablo Neruda, *Der Große Gesang. XVII Amerika*, Deutsch von Erich Arendt, Luchterhand 1984, München: dtv, 1993, S. 256-257.)

16 VASCOS / BASKEN

Das Baskenland liegt im Norden Spaniens. Es ist ein fruchtbares, ertragreiches Land mit einer starken kulturellen Tradition und einer eigenen Sprache.

BEGOÑA LÓPEZ:
Pues los vascos son buena gente. Normalmente son muy trabajadores, quieren muchísimo sus costumbres, su tierra.

Die Basken sind gute Menschen. In der Regel sind sie sehr fleißig und mit ihrem Brauchtum, ihrer Heimat eng verbunden.

MARÍA BADIOLA:
No sé, siempre se dice que cuando se tiene un amigo vasco se tiene un amigo para siempre.

Ich weiß nicht, man sagt immer, wenn man einen baskischen Freund hat, hat man einen Freund für immer.

BEGOÑA LÓPEZ:
Y sobre todo les gusta la comida.

Und vor allem essen sie gerne!

Es heißt, die Basken essen nicht, um zu leben, sondern leben, um zu essen. Das nimmt man in den großen Städten wie auch in den Dörfern sehr ernst. Nirgendwo sonst in Spanien gibt es private Clubs, wo sich die Leute treffen, um die raffinierte baskische Küche zu genießen. Heimische Küchenchefs, wie z.B. Manuel, tun alles für die Ehre, die Club-Mitglieder zu bekochen.

MARÍA BADIOLA:
La gente aparte de vivir para comer ..., todo se hace en torno a la mesa. Aquí uno se sienta a comer a las dos de la tarde y hasta las ocho puede estar sentado en la mesa, durante horas y horas y horas. O sea, ya no es sólo el comer, es todo el ritual que se crea en torno a la comida, ¿no?, y todo lo que supone una comida.
Y mi hermano pues es cocinero; estoy rodeada de restaurantes por todas partes. Sí, es muy importante.

Die Leute leben nicht nur, um zu essen ...; alles dreht sich um den Esstisch. Man setzt sich um zwei Uhr nachmittags zu Tisch und bleibt dann manchmal bis acht Uhr abends sitzen, stundenlang. Das heißt, es geht also nicht nur ums Essen an sich, sondern um das Ritual des Essens und um alles, was die Mahlzeiten bedeuten, nicht wahr?
Mein Bruder ist Koch und ich bin auf allen Seiten von Restaurants umgeben. Ja, das ist sehr wichtig.

Manuel tut seinem Bruder und seiner Schwester einen Gefallen: er lässt sie in seiner Küche einen Film drehen. Javier, María und ihre Freundin Begoña träumen davon, beim spanischen Film oder Fernsehen unterzukommen. Dieser Videofilm – eine Dokumentation über baskische Traditionen – ist der Abschluss ihrer dreijährigen Ausbildung an der baskischen Filmschule.

YOLANDA RUIZ, profesora:
Bueno, ésta es una escuela de formación profesional de segundo grado. Hace aproximadamente cinco años que los estudiantes han salido en la primera promoción y tenemos alrededor de 450 alumnos actualmente.

YOLANDA RUIZ, Lehrerin:
Also, dies ist eine Berufsoberschule. Die ersten Absolventen haben vor etwa fünf Jahren ihren Abschluss gemacht. Zurzeit haben wir um die 450 Studierende.

BEGOÑA LÓPEZ:
Me gustaba el mundo de la comunicación, del cine y del vídeo y la forma de poder comunicarnos con la gente con imágenes y sonido.

Mir gefiel die Welt der Kommunikation, des Kinos und des Videos und dass wir den Menschen über Bilder und Töne etwas mitteilen können.

MARÍA BADIOLA:
Pues no sé donde voy a acabar ... Me gustaría ser una buena productora, pero no sé, si no pudiera ser productora, hiciera lo que hiciera, que lo hiciera bien.

Ich weiß nicht, wohin es mich einmal verschlagen wird ... Ich wäre gerne eine gute Produzentin, aber, ich weiß nicht, auch wenn ich keine Produzentin sein kann – das, was ich mal mache, will ich auf jeden Fall gut machen.

JAVIER BADIOLA:
Es interesante estudiar un poco primero la base, el porqué se hacen las cosas: ver las películas, estudiarlas y saber antes de hacerlo por qué hay que hacer determinada cosa, o determinado movimiento, por qué este plano u otro. Y luego, por supuesto, después la práctica es muy interesante.

Es ist interessant, erst etwas die Grundlagen zu studieren, warum etwas so oder so gemacht wird: die Filme sehen und analysieren, um vorher zu wissen, warum eine bestimmte Sache getan werden muss, warum diese bestimmte Bewegung, warum diese Einstellung oder eine andere. Und danach ist natürlich die Praxis sehr interessant.

Die Filmsequenz über gastronomische Clubs zeigt nur einen Aspekt der baskischen Küche. Beliebt sind auch Bars mit *pinchos* – einer Variante der spanischen *tapas*, also Häppchen.

MANUEL BADIOLA:
Sí, los pinchos es una tradición, pues un poco de ..., en vez de tomar vino con el estómago vacío, pues la gente suele tomar unos pinchos para que así el alcohol les haga pues menos daño, ¿no?

Ja, also die Tradition der *pinchos* entsteht etwa dadurch, dass man Wein nicht auf leeren Magen trinken wollte. Die Leute essen also ein paar *pinchos*, damit sie den Alkohol besser vertragen.

Mujeres: Hola.
Barman: Hola. ¿Qué hay?
Mujer 1: Sí, ¿qué hay de pinchos?
Barman: Hay chaca, pinitos con anchoas, hay boquerones también, chipirones, tenéis callos, champiñones ...
Mujer 1: Pues yo voy a tomar una croqueta.
Mujer 2: Y yo también.
Barman: Dos croquetas. ¿Qué queréis para beber?
Mujer 1: Un mosto, por favor.
Mujer 2: Y un vino clarete.

Frauen: Hallo.
Barmann: Hallo, wie steht's?
Frau 1: Also, was gibt es an *pinchos*?
Barmann: Es gibt Muscheln, Paprika mit Sardellen, außerdem Sardellen in Essig, Tintenfisch, Kutteln, Champignons ...
Frau 1: Ich nehme dann eine Krokette.
Frau 2: Und ich auch.
Barmann: Zwei Kroketten. Was wollt ihr trinken?
Frau 1: Einen Traubensaft, bitte.
Frau 2: Und einen Rosé.

Doch die Basken verbringen nicht ihre ganze Zeit mit Essen und Trinken.

MARÍA BADIOLA:
Los vascos siempre hemos tenido fama de ser serios ... Bueno, España se divide en regiones y cada región pues, no sé, siempre la gente del sur ha tenido fama de ser más cordial, siempre más simpática, más habladora, más amigable, más amistosa.

Wir Basken haben immer den Ruf gehabt, ernst zu sein. Spanien ist ja in Regionen unterteilt und jede Region, also, ich weiß nicht ... von den Leuten im Süden heißt es, sie seien herzlicher, sympathischer, kommunikativer, friedlicher, freundlicher.

Die Basken nehmen vieles ernst – sogar die Freizeit. Pelota ist ein sehr beliebtes Ballspiel, das man nur im Baskenland findet; eine sehr lebendige Tradition. Andere Dinge dagegen sterben langsam aus. Wie im übrigen Europa sind z.B. auch hier die Manufakturen im Schwinden. Die Fischerhäfen mögen noch geschäftig wirken, aber sie haben ihre große Zeit längst hinter sich.

ANTIGUO PESCADOR:
Pues, mira, yo te voy a decir que desde que hemos entrado en el Mercado Común esto ha ido a la ruina completamente. Aquí yo me acuerdo de que calculo que había 170 barcos. Y luego bacaladeros habría, pues yo qué sé, igual 40. Hoy en día no sé si hay ocho.

EHEMALIGER FISCHER:
Also, schau mal, ich sag dir eins, seitdem wir der Europäischen Gemeinschaft beigetreten sind, geht alles den Bach runter. Ich erinnere mich an Zeiten, als hier um die 170 Schiffe vor Anker lagen. Und es gab so etwa 40 Kabeljau-Fangschiffe. Heute sind es vielleicht noch acht.

San Sebastián liegt direkt am Meer. Jedes Jahr findet hier ein internationales Filmfestival statt. Aber in letzter Zeit werden nicht mehr so viele spanische Filme präsentiert.

JAVIER BADIOLA:
Yo creo que en estos momentos el problema principal es que no se hacen películas. Y, bueno, distinguiendo el cine y la televisión, el cine es muy difícil en estos momentos, y en la televisión también bastante, porque hubo un momento en que aquí en el País Vasco y en España no había mucha gente preparada.

Ich glaube, dass das derzeitige Hauptproblem darin besteht, dass keine Filme mehr produziert werden. Gut, man muss schon zwischen Kino und Fernsehen unterscheiden …; das Kino ist in einer sehr schweren Lage im Moment und dem Fernsehen geht es auch ziemlich schlecht, weil es zu einer bestimmten Zeit hier im Baskenland und in Spanien nicht genug ausgebildete Leute gab.

MARÍA BADIOLA:
Pues pienso que la televisión española en estos momentos, salvo alguna excepción, es bastante mala.

Also, ich denke, dass das spanische Fernsehen zurzeit, von einigen Ausnahmen abgesehen, ganz schön schlecht ist.

BEGOÑA LÓPEZ:
En estos momentos está en crisis. Yo creo que lo que más falta son buenas ideas. Puede haber medios, bueno, puede haber dinero, y puede haberlo si realmente hay una buena idea, que creo que es lo que más falta.

Hay actores también, y gente que, claro, no se puede preparar si no tiene una oportunidad, si no hay una inversión y se puede llevar el proyecto adelante. Pero está muy difícil encontrar trabajo.

Es befindet sich im Moment in der Krise. Ich glaube, dass vor allem gute Ideen fehlen. Es wären schon Ressourcen da und auch Geld, wenn nur jemand eine richtig gute Idee hätte. Daran mangelt es meines Erachtens am meisten.

Es sind auch Schauspieler vorhanden, aber die können sich nicht entwickeln, wenn sie keine Möglichkeiten haben, wenn in keine neuen Projekte investiert wird. Es ist echt sehr schwierig, Arbeit zu finden.

Nur ein kleiner Fluss trennt die Hafenstadt Fuenterrabía von Frankreich. Historisch gesehen, umfasst das Baskenland Frankreich und Spanien. *Euskera*, die uralte Sprache der Basken, wird auf beiden Seiten der Grenze gesprochen. Viele Basken fühlen sich einem eigenen Land zugehörig, das sie *Euskadi* nennen.

ANTIGUO PESCADOR:
Ah, ¿mis sueños?
¡La independencia!

EHEMALIGER FISCHER:
Meine Träume?
Die Unabhängigkeit!

Seit jeher träumen die Basken von ihrer Unabhängigkeit. Viele junge Leute, Studenten oder Berufsanfänger, setzen andere Prioritäten. Das wirtschaftliche Überleben steht für sie im Vordergrund.

JAVIER BADIOLA:
En las escuelas prepararon a mucha gente y mucha gente encontró trabajo hace cuatro o cinco años, pero en estos momentos está bastante saturado el mercado. Ahora es muy difícil.

In den Schulen wurden viele Leute ausgebildet und vor vier oder fünf Jahren fanden viele auch Arbeit, aber jetzt ist der Markt ziemlich gesättigt. Die Lage ist nun sehr schwierig.

MARÍA BADIOLA:
Pues en estos momentos estoy trabajando los fines de semana, en un pub, y ya a partir del día 1 de julio hasta septiembre ya trabajo todos los días.

Pues con el dinero que saque viviremos como unas hormiguitas guardando para el invierno.

BEGOÑA LÓPEZ:
¿Cómo sobrevivo? Trabajando. Trabajo ahora en un hotel en la temporada de verano, que es lo que más fácil puedes encontrar en verano y en invierno también.

Y bueno, con la ayuda de mis padres y viviendo con ellos, porque es muy difícil independizarse ahora.

Ich arbeite derzeit an den Wochenenden in einer Kneipe, und ab dem 1. Juli bis September werde ich jeden Tag arbeiten.

Von dem Geld, das ich da verdiene, werden wir dann wie Ameisen leben, die ihre Vorräte für den Winter anlegen.

Wie ich überlebe? Durch Arbeit. Jetzt in der Sommersaison jobbe ich in einem Hotel. Das ist die leichteste Form, Arbeit zu finden, im Sommer wie im Winter.

Und dann unterstützen mich meine Eltern ein bisschen und ich wohne auch noch bei ihnen. Es ist heutzutage ziemlich schwierig, auf eigenen Füßen zu stehen.

Gespart werden muss also überall – außer beim Essen.

Camarera: Buenos días.
Todos: Hola, buenos días.
Camarera: Aparte de la carta tenéis cigalas, ensalada de langosta y anchoas.

Javier: ¿De primero?

María: De primero una ensalada mixta para los cuatro.
¿Y de segundo ...?
Javier: Y yo de segundo quiero tortilla.

Kellnerin: Guten Tag.
Alle: Hallo, guten Tag.
Kellnerin : Außer dem, was auf der Karte steht, könnt ihr noch Krebse, Langustensalat und Sardellen haben.

Javier: Was nehmen wir als Vorspeise?

María: Als Vorspeise einen gemischten Salat für uns vier. Und als Hauptspeise ...?
Javier: Und als Hauptspeise möchte ich Tortilla.

Begoña: Yo quiero paella.
María: Yo voy a tomar un rape a la plancha con almejas y gambas.
Ion: Y para mí los pimientos rellenos.
Javier: Y para mí vino, clarete.

Begoña: Ich möchte Paella.
María: Ich nehme gegrillten Seeteufel mit Muscheln und Garnelen.
Ion: Und für mich gefüllte Paprika.
Javier: Und für mich Wein, Rosé.

JAVIER BADIOLA:
Bueno, mi sueño profesional, ... no sé.
Me gustaría conseguir un trabajo en cine ...

Una vez de empezar a trabajar, yo creo que llegar hasta donde pueda llegar yo, sin más.

Mein beruflicher Traum, ... ich weiß nicht.
Ich würde gerne im Filmgeschäft Arbeit finden ...

Aber wenn ich erst mal angefangen habe zu arbeiten, möchte ich einfach nur so weit kommen, wie es geht.

17 DE MODA / IN MODE

Bogotá, die Hauptstadt Kolumbiens. Mode ist in Kolumbien ein wichtiger Wirtschaftsfaktor. Carlos Arturo Zapata ist Kolumbiens Top-Modedesigner. Die Zeitschrift *Aló* wird eine Auswahl aus seiner neuen Kollektion präsentieren. Carlos Arturo trifft sich mit der Redakteurin Yolima Dussán und der Fotografin Dora Franco. Die drei diskutieren, wo und in welchen Kleidern fotografiert werden soll.

Carlos Arturo: Bueno, principalmente pienso que por el clima de Cartagena y el trópico sería ideal presentar trajes de chifón, algunas transparencias ... movimientos en fulares de chifón, para que con el viento eso se verá lindísimo y las modelos puedan estar descalzas en la playa.
Yolima: ¿Y en qué color sería ese chifón?
Carlos Arturo: Eso van a ser unos en beige con colores muy, muy naturales y algo en rosa.
Yolima: Entonces, Carlos Arturo, ¿dónde vamos a ir?
Carlos Arturo: Cartagena, vámonos para Cartagena, es ideal.

Carlos Arturo: Also, ich denke vor allem, dass es aufgrund des tropischen Klimas in Cartagena ideal wäre, Chiffon-Kleider zu präsentieren, ein paar davon durchsichtig ... Bewegungen mit Chiffon-Schals. Mit dem Wind wird das wunderbar aussehen, und die Models können am Strand barfuß sein.
Yolima: Welche Farbe würde der Chiffon haben?
Carlos Arturo: Ein paar in Beige mit sehr, sehr natürlichen Farben und ein paar in Rosa.
Yolima: Also, Carlos Arturo, wohin fahren wir?
Carlos Arturo: Nach Cartagena, fahren wir nach Cartagena, da ist es ideal.

Cartagena ist das Juwel der kolumbianischen Karibikküste. 1533 gegründet, entwickelte sich der Kolonialhafen schnell zu einem Handelszentrum für den gesamten südamerikanischen Raum. Von hier wurden die Schätze, die die spanischen Eroberer erbeutet hatten, ins Mutterland gebracht. Heute ist Cartagena ein tropischer Anziehungspunkt für den Tourismus, Welten entfernt von der im kühlen Hochland gelegenen Hauptstadt Bogotá.

Das Leben in Cartagena ist sonnig, gelassen und locker. Die Küstenbewohner, die *costeños*, sind stolze Menschen. Cartagena wurde 1811 von Spanien unabhängig. Seitdem feiert man den Unabhängigkeitstag jedes Jahr mit einem großen Fest, dem *Cabildo* – karibischer Karneval nach afrikanischen Rhythmen. Für Leute aus der Modebranche bildet die farbenprächtige und lichtdurchflutete Landschaft von Cartagena eine ideale Kulisse.

Wie überall auf der Welt, ist auch bei den Models aus unserem Team das Essen ein wichtiges Thema.

SANDRA:
Comer es ... la mejor vida está en comer, ¿no? Tiene una que darse gusto, sí, me encanta comer, pero me cuido. Trato de estar bien, hay veces que me subo, normal, ¿no?, pero en realidad estoy bien. Los mariscos me encantan. De segundo me encantan las pastas.

NOELLE:
¡La comida es rica! Sí, yo siempre he comido muy bien. ¡Me encanta la lechuga! Sí. Y las cosas de mar me gustan también, pescados y eso.

Essen ist ... Essen ist das Schönste im Leben. Man muss sich auch mal was gönnen und ich esse sehr gerne, aber ich achte auf mich. Ich möchte schließlich, dass es mir gut geht. Manchmal nehme ich etwas zu, das ist ja normal, aber mir geht es wirklich gut. Am liebsten esse ich Meeresfrüchte und als Hauptspeise Nudelgerichte.

Essen ist etwas Wunderbares! Ich habe schon immer gut gegessen. Ich liebe Salat! Ja. Und Meeresfrüchte mag ich auch sehr gerne, Fisch und so weiter.

Es wird niemanden überraschen, dass die beiden auch feste Vorstellungen davon haben, was sie privat tragen möchten.

NOELLE:
Me gusta la ropa sencilla. Me gustan los diseños bastante sencillos, me gusta este tipo de ropa. Me gusta el azul, el negro, el verde me gusta, el rojo. El amarillo no me gusta para vestirme. Yo uso jeans todo el tiempo.

SANDRA:
El rojo, el azul, el amarillo, los colores fuertes. Me gustan mucho las playas, muy tranquilo, ¿no?, los árboles muy lindos. Me gustan las cosas frescas, no me gustan las cosas muy complicadas. Jeans, camisetas, tenis, ¡y mi tattoo!

Ich mag schlichte Kleidung, möglichst einfache Muster. Das ist Kleidung, wie sie mir gefällt. Ich mag Blau, Schwarz, Grün gefällt mir, Rot. Gelbe Sachen ziehe ich nicht gerne an. Ich trage immer Jeans.

Rot, Blau, Gelb, kräftige Farben. Ich mag Strände sehr, da ist es so ruhig. Die Bäume sind sehr schön. Ich mag leichte Sachen, nichts Kompliziertes. Jeans, T-Shirts, Sportschuhe – und meine Tätowierung!

Auch in Kolumbien gilt: Diamonds are a girl's best friend!

NOELLE:

Sí, me gustan las joyas, me gustan mucho las joyas precolombinas. Las joyas de figuras precolombinas me gustan mucho.	Ja, Schmuck gefällt mir sehr. Besonders gefällt mir der präkolumbische Schmuck, also Schmuck in Form präkolumbischer Figuren.

Dora Franco, die Fotografin, ist begeistert von ihrer Arbeit.

DORA FRANCO:

Casi todo de mi trabajo me agrada. Estar en lugares muy lindos, con gente muy agradable ... comida muy rica, viajes, toda clase de cosas deliciosas.	Ich empfinde fast alles an meiner Arbeit als angenehm. An schönen Orten zu sein, mit sympathischen Leuten ... gutes Essen, Reisen, alle möglichen tollen Sachen.
Algunas veces las situaciones son pesadas, los viajes son pesados, las madrugadas también. Eso es lo único, sí.	Manchmal gibt es auch anstrengende Situationen, das viele Reisen ist anstrengend, das frühe Aufstehen auch. Das ist das Einzige, ja.
Es muy excitante, la fotografía es una cosa tan excitante como la pintura, como la danza, como el teatro, como cualquier otra expresión artística.	Es ist sehr spannend. Die Fotografie ist genauso spannend wie die Malerei, wie der Tanz, wie das Theater, wie jede andere Art des künstlerischen Ausdrucks.

Und welches sind *ihre* Lieblingsfarben?

DORA FRANCO:

Me gusta mucho el contraste, por ejemplo, del negro con el azul del cielo, me gustan mucho esos dos colores. También mi color favorito es el naranja.	Ich mag sehr den Kontrast, wie zum Beispiel zwischen Schwarz und dem Blau des Himmels. Diese Farben habe ich sehr gerne. Meine Lieblingsfarbe ist Orange.

Und welchen fotografischen Stil bevorzugt Dora?

DORA FRANCO:
Todo me gusta muy natural. Me gusta que el maquillaje, cuando yo mire por la cámara, se vean lindas pero no untadas, sino muy natural, y que la gente sobre todo se mueva. Me gustan mucho las fotografías con movimiento.

Ich mag alles möglichst natürlich. Wenn ich durch die Kamera schaue, soll das Make-up hübsch, aber nicht dick aufgetragen aussehen. Es soll natürlich wirken. Und die Menschen sollen sich vor allem bewegen. Mir gefallen Fotos, auf denen Bewegung sichtbar ist.

Que la gente esté flotando, moviéndose. Con una simple instrucción ellas ya entienden el tipo de cosa que yo quiero mostrar.

Die Models sollen schweben, sich bewegen. Mit einer einfachen Anweisung verstehen sie schon, was ich zeigen will.

Modeschöpfer Carlos Arturo Zapata bezeichnet seinen Stil – den *estilo de Zapata* – als mondän und innovativ.

CARLOS ARTURO ZAPATA:
Bueno, el estilo de Zapata se ha caracterizado porque tiene una línea muy clásica en sus cortes, pero siempre con muchísima innovación y sobre todo con un toque muy femenino, muy sutil, un toque que hace ver a la mujer muy glamorosa.

Gut, der Zapata-Stil zeichnet sich durch seinen klassischen Schnitt aus, ist aber trotzdem sehr innovativ. Er hat vor allem diesen sehr femininen Touch, ganz subtil, ein Touch, der eine Frau traumhaft aussehen lässt.

Yo estoy trabajando en el mundo de la moda haciendo una investigación, creando un propio estilo, aportando nuevas ideas al mundo de la moda.

Ich arbeite in der Welt der Mode, mache meine Untersuchungen, entwickle meinen eigenen Stil und bringe neue Ideen in die Modewelt ein.

No se trata de reproducir lo que lanzan los diseñadores en Europa o en los Estados Unidos,

Es geht nicht darum, das zu reproduzieren, was die Designer in Europa oder den Vereinigten

sino de crear una moda que tenga un sello particular y que la gente la adquiera porque tiene algo diferente; además que sea confortable, que sea usable y que perdure en el tiempo.

Staaten auf den Markt bringen, sondern darum, eine Mode mit einem eigenen Stil zu entwickeln, die von den Leuten gekauft wird, weil sie etwas Besonderes hat; außerdem soll sie bequem und tragbar sein und möglichst lange halten.

Carlos Arturo wirft den europäischen Modemachern Phantasielosigkeit vor, besonders im Vergleich zur Exotik der *moda latinoamericana*.

CARLOS ARTURO ZAPATA:
Yo pienso que en la moda europea hay una ausencia de creatividad. Ya se está haciendo lo mismo, se está repitiendo muchísimo.

Ich denke, der europäischen Mode mangelt es an Kreativität. Es wird immer wieder das Gleiche gemacht, alles wiederholt sich sehr.

La moda latinoamericana, entra con un nuevo sabor, con ese sabor latino, con ese sabor del trópico que le permite innovar con nuevas ideas, y yo pienso que es lo que estamos haciendo los diseñadores latinoamericanos.

Die lateinamerikanische Mode tritt mit einem neuen Geschmack auf, mit diesem lateinamerikanischen, tropischen Geschmack, der neue Ideen hervorbringt. Und genau das verwirklichen wir lateinamerikanischen Modeschöpfer.

Yo prefiero la mujer morena, porque es más latina. Se identifica más con el sitio de donde yo estoy ubicado, de donde he salido, que es el trópico. Entonces es una mujer que vende más la imagen de lo que yo realizo.

Ich bevorzuge die dunkelhaarige Frau, weil sie lateinamerikanischer ist. Man identifiziert sie mehr mit dem Ort, an dem ich beheimatet bin, aus dem ich stamme, das sind die Tropen. Es ist also eine Frau, die besser das Bild verkauft, das ich vermittle.

Eine Woche später in Bogotá: Carlos Arturo und Dora treffen sich in der Redaktion von *Aló*, um die Aufnahmen auszuwählen.

Carlos Arturo: Ésta sí.
Dora: Ésa te gusta, ¿no?

Carlos Arturo: Me gusta, ésta me gusta.
Yolima: Y entre estas dos, ¿cuál eligirían ustedes?
Carlos Arturo: Ésta no me gusta.
Dora: Ésa tampoco me gusta.

Yolima: ¿Por el sombrero?
Carlos Arturo: Ésta sí me gusta.
Dora: Ésa me gusta también. Déjeme mirar bien todo ...

Carlos Arturo: Dieses hier schon.
Dora: Das da gefällt dir, nicht wahr?
Carlos Arturo: Es gefällt mir, dieses gefällt mir.
Yolima: Und von diesen beiden, welches würdet ihr nehmen?
Carlos Arturo: Das hier gefällt mir nicht.
Dora: Das da gefällt mir auch nicht.
Yolima: Wegen des Sombreros?
Carlos Arturo: Dieses hier gefällt mir schon.
Dora: Das hier gefällt mir auch. Lassen Sie mich alles gut ansehen …

Carlos Zapata und sein Team schaffen Träume für andere – aber was ist ihr eigener Lebenstraum: *¿el sueño de su vida?*

CARLOS ARTURO ZAPATA:
Bueno, el sueño de mi vida prácticamente lo estoy viendo realizado a través de esos años donde estoy trabajando muchísimo por conquistar los mercados internacionales, por afianzar una imagen internacional.

Básicamente ésa es la ambición, poder aportar algo nuevo a la moda y poder dejar una buena imagen de Colombia en el exterior.

SANDRA:
El sueño de mi vida es realizarme como mujer en todos los campos, ¿no?

Also, meinen Lebenstraum sehe ich eigentlich schon seit einigen Jahren verwirklicht. Ich arbeite sehr hart, um die internationalen Märkte zu erobern und mir so ein internationales Image zu sichern.

Das ist im Grunde mein Ehrgeiz. Ich möchte die Mode mit neuen Ideen bereichern und dem Ausland ein positives Bild von Kolumbien vermitteln.

Mein Lebenstraum ist es, mich in jeder Hinsicht als Frau zu verwirklichen, nicht wahr?

Y ya uno se pone metas y las va quemando, y hasta ahora pues he hecho lo que yo he querido. Y quiero hacer esto y lo he hecho y me faltan muchas cosas por hacer.

NOELLE:
Profesionalmente quiero ser fotógrafa. Quiero tomar fotos hermosas y realmente hacer algo bello. Quiero hacer eso. Aprender la fotografía.

DORA FRANCO:
Casi todos los sueños que he tenido los estoy realizando en este momento. Es hacer libros, es ver mis fotografías muy bien impresas en revistas internacionales. En este momento trabajo para varias de ellas. Eh, seguir siendo una gran fotógrafa, creo yo.

Man setzt sich Ziele und erreicht sie allmählich. Bisher habe ich immer das gemacht, was ich wollte. Ich will dieses machen und habe es gemacht. Und ich habe noch viele Dinge vor mir.

Beruflich möchte ich Fotografin werden. Ich will wundervolle Fotos machen, wirklich etwas Schönes hervorbringen. Das möchte ich tun. Fotografieren lernen.

Fast alle Träume, die ich gehabt habe, werden im Moment Wirklichkeit. Bücher herauszubringen, meine Fotos in internationalen Zeitschriften hervorragend abgedruckt zu sehen. Derzeit arbeite ich für einige von ihnen. Und weiterhin eine große Fotografin zu sein, glaube ich.

18 'MANOS DEL URUGUAY'

1968 begann hier ein Traum. Aus diesem Traum wurde eine der größten Erfolgsgeschichten Uruguays. „Manos del Uruguay" feiert sein 25-jähriges Jubiläum. Rufina Román ist die Präsidentin des Unternehmens.

RUFINA ROMÁN:
'Manos del Uruguay' es un sueño de alguna gente del interior del país que vio con gran inteligencia la necesidad de dar trabajo y desarrollo social a la mujer del interior.

„Manos del Uruguay" ist der Traum einiger Leute aus dem Landesinneren, die mit großem Scharfblick die Notwendigkeit erkannten, der Frau aus dem Landesinneren Arbeit zu geben und ihre soziale Entwicklung zu fördern.

Olga Artagaveytia war eine der treibenden Kräfte bei der Gründung der „Manos"-Genossenschaft.

OLGA ARTAGAVEYTIA:
En el campo hay ciertas manualidades que las madres sabían, a veces las hijas también sabían; pero que no tenían mercado, que no tenían diseño, que no tenían marketing, les faltaban muchas cosas.

Auf dem Land finden sich bestimmte Formen der Handarbeit, die die Mütter beherrschten, manchmal auch die Töchter. Aber sie hatten keinen Markt, sie hatten keine Muster, kein Marketing, es fehlten ihnen viele Dinge.

Por otro lado, estaba en un país que tiene movimiento turístico, que había una capital que no recibía esas cosas del campo, una necesidad de ese tipo de producto.

Andererseits gab es in diesem Land, in das viele Touristen strömen, aber in dessen Hauptstadt diese Dinge vom Land nicht erhältlich waren, durchaus einen Bedarf an diesen Produkten.

Nosotros tratamos de juntar las dos puntas: el mercado con la gente que lo podía hacer.

Wir haben also versucht, beides zusammenzubringen: den Markt und die Leute, die ihn bedienen konnten.

Heute verkauft „Manos del Uruguay" Pullover, Schals, Decken und Wandteppiche in sechs Läden. Sie ziehen Touristen wie Einheimische gleichermaßen an.

Vendedora: ¿Puedo ayudarlas en algo?
Mujer 1: Sí, yo ayer vi este tapiz, pero en tono más azul.

Vendedora: Sí, recuerdo el tapiz que tú estuviste mirando ... Fue éste el tapiz que tú viste.
Mujer 1: Sí, éste ... Sí, es éste. ¿Te gusta?
Mujer 2: Me gusta más éste que aquél. Precioso.
Mujer 1: ¿De qué está hecho?
Vendedora: Está trabajado en lana.
Mujer 1: Muy lindo. ¿Dónde lo hacen?
Vendedora: En la cooperativa de Solís. Son trabajados en telar.
Mujer 1: ¿Cuánto cuesta?
Vendedora: Mira, este tapiz está por los 2.770 pesos.
Mujer 1: No pensaba gastar tanto.
Vendedora: Sabes una cosa, que es un tapiz muy trabajado, tiene mucho diseño.

Mujer 1: Bueno, lo voy a consultar y vuelvo mañana.

Verkäuferin: Kann ich Ihnen helfen?
Frau 1: Ich habe gestern diesen Wandteppich gesehen, aber in einem kräftigeren Blau.
Verkäuferin: Ja, ich erinnere mich an den Teppich, den du dir angesehen hast. Das hier ist der Teppich, den du gesehen hast.
Frau 1: Ja, das ist er. Gefällt er dir?
Frau 2: Mir gefällt dieser hier besser als der dort. Wunderschön.
Frau 1: Woraus ist er?
Verkäuferin: Er ist aus Wolle.
Frau 1: Sehr hübsch. Wo werden sie hergestellt?
Verkäuferin: In der Kooperative Solís. Sie werden gewebt.
Frau 1: Wie viel kostet er?
Verkäuferin: Dieser Teppich kostet 2.770 Pesos.
Frau 1: So viel wollte ich nicht ausgeben.
Verkäuferin: Weißt du, die Fertigung eines solchen Teppichs ist mit viel Arbeit verbunden, allein das komplizierte Muster.
Frau 1: Ich werde es mir überlegen und komme morgen wieder.

Der Hauptsitz von „Manos" befindet sich in der Hauptstadt Montevideo. Die Initiative wurde zu einem erfolgreichen, internationalen Unternehmen, das in die USA, nach Japan und Europa exportiert.
„Manos del Uruguay" ist genossenschaftlich organisiert. Die Leitung von „Manos" besteht aus gewählten Vertretern der örtlichen Kooperativen und einigen hauptberuflichen Mitarbeitern aus Montevideo. Aufgabe der Leitung ist es, die Produktion zu koordinieren und die Qualität zu prüfen. Am Anfang kaufte jede Kooperative Naturwolle und wusch sie selbst. Jetzt erwirbt die Zentrale vorverarbeitete Ware und verteilt sie an die Spinnereibetriebe.

RUFINA ROMÁN: El trabajo, la artesanía se hace totalmente en el interior, en las cooperativas. Las cooperativas están organizadas en grupos de trabajo dirigidas por las encargadas generales y por los consejos directivos de las mismas, con trabajo a domicilio en el caso que el trabajo se pueda hacer, y cuando es ayudado por máquinas que necesitan la organización y el uso de más de una persona, en los talleres.	Die Arbeit, das Kunsthandwerk wird vollständig durch die ländlichen Kooperativen geleistet. Sie sind in Arbeitsgruppen aufgeteilt, die jeweils unter der Leitung einer Geschäftsführerin und des Aufsichtsrats stehen. Wenn die Arbeit zu Hause erledigt werden kann, wird zu Hause gearbeitet. Wenn für die Arbeit Maschinen benötigt werden, die die Organisation und den Einsatz von mehr als einer Person erforderlich machen, wird in den Werkstätten gearbeitet.

Jede der Frauen hat andere Gründe, für „Manos" zu arbeiten. Vielen geht es dabei um mehr als nur ums Geldverdienen.

MUJER 1: Me encanta, es lindo. Me gusta por el hecho de que se transforma la lana de blanco a colores así lindos, y que gustan. A mí me gusta.	**FRAU 1:** Ich mag die Arbeit, sie ist schön. Mir gefällt es, weil sich die weiße Wolle in bunte verwandelt, mit so schönen Farben, die ankommen. Mir gefällt das.
MUJER 2: Después de estar en 'Manos' como cooperativa que es, uno se adapta y encuentra otras cosas como la solidaridad, el compañerismo, otra forma de vivir.	**FRAU 2:** Nachdem man in einer Genossenschaft wie „Manos" ist, verändert man sich, entdeckt man neue Dinge wie Solidarität, Freundschaft, eine andere Lebensform.
MUJER 3: Bueno, trabajar con 'Manos' es algo grande. Porque empiezas como que es algo chico dentro de la cooperativa; pero ves que no, que el trabajo se extiende más allá de fronteras. Entonces para mí es algo grande.	**FRAU 3:** Für „Manos" zu arbeiten, ist etwas Großartiges. Wenn du anfängst, denkst du, du bist nur ein kleines Rädchen in der Kooperative; aber dann merkst du, dass das nicht stimmt, dass die Arbeit darüber hinausgeht. Für mich ist das etwas Großartiges.

Unabhängig vom Standort hat jede Kooperative ein Mitbestimmungsrecht, wenn es um ein neues großes Projekt geht, wie z.B. um einen neuen Exportvertrag. Steht eine solche Entscheidung an, reisen die Mitglieder der Geschäftsleitung in die betreffende Kooperative. Mit solchen zwanglosen Besuchen lassen sich Freundschaften auffrischen, außerdem sind sie gut fürs Betriebsklima.
Jede Kooperative hat ihren eigenen Laden.

Mujer: Buenas tardes.
Vendedora: Buenas tardes.
Mujer: Querría ver bufandas.

Vendedora: Bufandas, sí, tenemos.
Mujer: En tonos azules o verdes.
Vendedora: Verdes. Sí. Tenemos verdes de este tipo.
Mujer: Un verde más suave, porque éste es muy fuerte.
Vendedora: ¿Para hombre?
Mujer: Es un regalo para mi marido.
Vendedora: Para hombre tenemos este tono que es más apagado.
Mujer: ¿De qué está hecha esta bufanda?
Vendedora: Ésa bufanda está hecha de alpaca peruana.

Mujer: Está muy bonita. ¿Me la puedo probar?
Vendedora: Sí, ¿cómo no?
Mujer: Está muy bonita. ¿Cuánto cuesta?
Vendedora: Cuesta 50 pesos.
Mujer: Me la llevo. Es un poco cara, pero como es un regalo para mi marido, él se lo merece.

Frau: Guten Abend.
Verkäuferin: Guten Abend.
Frau: Ich würde gerne Schals sehen.
Verkäuferin: Schals, ja, haben wir.
Frau: In Blau oder Grün.
Verkäuferin: Grün. Ja, wir haben diese Grüntöne.
Frau: Ein etwas sanfteres Grün, dieses ist sehr kräftig.
Verkäuferin: Für einen Mann?
Frau: Es ist ein Geschenk für meinen Mann.
Verkäuferin: Für Männer haben wir diesen Farbton, er ist etwas gedeckter.
Frau: Woraus ist dieser Schal gemacht?
Verkäuferin: Dieser Schal ist aus peruanischer Alpaka-Wolle gemacht.
Frau: Er ist sehr schön. Kann ich ihn probieren?
Verkäuferin: Ja, aber natürlich.
Frau: Er ist sehr schön. Wie viel kostet er?
Verkäuferin: 50 Pesos.
Frau: Ich nehme ihn. Er ist zwar etwas teuer, aber es ist ein Geschenk für meinen Mann und der verdient es.

Schöne Muster fördern den Verkauf. Die Zusammenarbeit mit „Manos" ist eine Herausforderung für Designer wie Sergio Ganduglia.

SERGIO GANDUGLIA:
El reto es lograr un producto final que no pierde las características propias de 'Manos', artesanal, de alguna manera rústico, pero que pueda ser llevado en cualquier parte del mundo por la calle, con una buena presencia, con una digna elegancia, pero sin perder, ya te digo, la característica esa de 'Manos'.

De no perder lo tradicional y lo artesanal en áreas de algo ultramoderno y moda, moda, moda.

Die Herausforderung liegt darin, ein Endprodukt zu entwickeln, das die typischen Merkmale von „Manos" beibehält, handwerklich, in gewisser Weise ländlich, das sich aber überall auf der Welt auf der Straße tragen lässt, das einfach gut aussieht, eine gewisse Eleganz aufweist, aber wie schon gesagt, ohne dabei die charakteristischen „Manos"-Züge zu verlieren.

Das Traditionelle und das Handwerkliche dürfen nicht verloren gehen in diesem Bereich, der ultramodern ist, wo nur Mode, Mode, Mode zählt.

Das Design muss immer neu sein. Victoria Varela arbeitet derzeit an einer Kollektion für Teenager. Wo findet sie ihre Anregungen?

VICTORIA VARELA:
Bueno, primero en las fibras. En las fibras como son, en la lana, en las ovejas, en las alpaquitas, en las fibras naturales que también se usan en los tapices. También, en una línea en particular, me inspiré en el campo, en el gaucho; y en una línea muy joven me inspiré en una comida que se llama 'puchero criollo'.

Zunächst mal bei den Fasern selbst. Bei den Fasern, so wie sie sind, bei der Wolle, den Schafen, den kleinen Alpaka-Schafen, bei den Naturfasern, wie sie auch für die Wandteppiche verwendet werden. Für eine spezielle Produktreihe ließ ich mich vom Landleben inspirieren, von den Gauchos. Bei einer anderen Reihe für Jugendliche brachte mich ein bestimmtes Gericht, der Eintopf *puchero criollo*, auf Ideen.

Jeder neue Entwurf wird den Frauen erklärt, die ihn dann ausführen. Fortbildung wird bei „Manos" groß geschrieben – und nicht nur im Handwerklichen. Die Mitglieder werden auch in Verwaltung und Management geschult.

ASUNTA:
Yo trabajaba de empleada doméstica, me venía a mi casa, hacía los quehaceres, pero no tenía ninguna otra capacitación – era trabajo.

En 'Manos' no, es muy distinto. Me capacité, aprendí a trabajar, soy teladora, enseñé a las cooperativas las manualidades de trabajo. Esta enseñanza le di, fui encargada de la cooperativa muchos años hasta cuando salí de dirigente en 'Manos'.

Früher arbeitete ich als Hausangestellte. Ich kam ins Haus, erledigte dort die Aufgaben, hatte aber keinerlei weitere berufliche Fähigkeiten – es war einfach Arbeit.

Bei „Manos" ist alles ganz anders. Ich wurde ausgebildet, lernte die Arbeit, bin Weberin und unterrichtete dann später selbst das Handwerk in den Kooperativen. Das unterrichtete ich, danach leitete ich viele Jahre die Kooperative, und jetzt bin ich eine der Direktorinnen von „Manos".

Ganz gleich aus welcher Kooperative das Produkt stammt, zunächst wird es in Montevideo sorgfältig geprüft und kommt erst dann in die Läden.

Mujer 1: Esta producción, ¿de qué cooperativa es?
Mujer 2: Vamos a ver, esta producción es de Fraile Muerto. Vamos a ver cómo están estas prendas. Comencemos por ancho de busto.
Mujer 1: 54.
Mujer 2: Ancho de hombro. ¿17?
Mujer 1: 17.
Mujer 2: Perfecto.
Mujer 1: Entonces esta prenda queda terminada bien, pasa para ventas.

Frau 1: Von welcher Kooperative stammt dieses Produkt?
Frau 2: Mal sehen – von Fraile Muerto. Mal sehen, wie die Sachen sind. Fangen wir mit der Brustweite an.
Frau 1: 54.
Frau 2: Schulterbreite. 17?
Frau 1: 17.
Frau 2: Perfekt.
Frau 1: Dann ist dieses Stück hier in Ordnung, es kann in den Verkauf gehen.

Chica 1: Hola. Buen día.
Vendedor: Hola.
Chica 1: ¿Puedes tener este mismo jersey con diseños más claros?

Mädchen 1: Hallo, guten Tag!
Verkäufer: Hallo.
Mädchen 1: Haben Sie den gleichen Pullover mit helleren Mustern?

Vendedor: Sí, les muestro. Tengo éste.
Chica 1: ¿Cómo está hecho?
Vendedor: Está hecho de lana.
Chica 1: ¿De lana?
Vendedor: Sí, tejido a mano.
Chica 1: ¿Me lo puedo probar? ¿Qué te parece, Ana?
Chica 2: Es muy bonito, me gusta mucho.
Chica 1: ¿Qué precio tiene?
Vendedor: 620 pesos.
Chica 1: ¿Qué hago, lo llevo?
Chica 2: Sí, yo lo llevaría, es muy bonito. ¿Cómo se puede pagar – al contado o con tarjeta de crédito?
Vendedor: Sí, como prefiera.
Chica 1: Bueno. ¿Lo llevamos?

Chica 2: Sí, lo llevamos.
Vendedor: Muy bien. ¿Lo van a pagar al contado o con tarjeta?
Chica 1: Contado.
Vendedor: ¿Lo quieren envuelto para regalo?
Chica 1: No, en la bolsa está bien.

Verkäufer: Ja, ich zeige ihn Ihnen. Ich habe diesen hier.
Mädchen 1: Woraus ist er gemacht?
Verkäufer: Aus Wolle.
Mädchen 1: Aus Wolle?
Verkäufer: Ja, handgewebt.
Mädchen 1: Kann ich ihn anprobieren? Wie gefällt er dir, Ana?
Mädchen 2: Sehr hübsch, er gefällt mir sehr.
Mädchen 1: Was kostet er?
Verkäufer: 620 Pesos.
Mädchen 1: Soll ich ihn nehmen?
Mädchen 2: Ja, ich würde ihn nehmen, er ist sehr hübsch. Wie kann man zahlen – in bar oder mit Kreditkarte?
Verkäufer: Wie Sie möchten.
Mädchen 1: Gut, sollen wir ihn nehmen?

Mädchen 2: Ja, wir nehmen ihn.
Verkäufer: Sehr gut. Zahlen Sie in bar oder mit Kreditkarte?
Mädchen 1: In bar.
Verkäufer: Soll ich ihn als Geschenk einpacken?
Mädchen: Nein, die Tüte reicht.

Wie sieht Rufina Román die Zukunft von „Manos"?

RUFINA ROMÁN:
Tenemos que seguir en el camino del cooperativismo, de la capacitación, de la fuerza humana que da la gente en el quehacer de cada día, para que podamos transitar muchos, muchos años más. De un sueño muy hermoso que se llama 'Manos del Uruguay' y que queremos que los 25 años restantes nos encuentren juntos.

Wir müssen diesen Weg der Kollektive weitergehen, weiter auf die Ausbildung der Menschen setzen, auf die Kraft, die die Leute in die tägliche Arbeit investieren, damit wir den wunderschönen Traum, der sich „Manos del Uruguay" nennt, noch viele, viele Jahre fortsetzen können, und damit wir auch die nächsten 25 Jahre zusammenbleiben.

19 EL ARTE
DIE KUNST

Im Nordosten Spaniens liegt Katalonien, eine der 17 autonomen Regionen des Landes. Die Katalanen sind stolz auf ein florierendes Wirtschafts- und Kulturleben und auf eine eigene Sprache: Katalanisch.
Die Hauptstadt Barcelona liegt etwa eine Autostunde von der französischen Grenze entfernt. Für Architektur- und Kunstliebhaber ist Barcelona ein Dorado. Viele katalanische Firmen finanzieren regelmäßig Ausstellungen für junge, noch unbekannte Maler. Mäzenatentum hat in Katalonien eine lange Tradition. Unternehmen erfüllt es mit Stolz, katalanische Kultur zu fördern – sie verstehen dies als ihre gesellschaftliche Pflicht.
Unter den Gästen dieser Vernissage in Barcelona sind zwei erfolgreiche, katalanische Architekten, Antoni Poch und Jordi Moliner. Auch der Maler Santi Moix ist zur Eröffnung erschienen. Santi lebt in New York, doch jedes Jahr mietet er sich Räume in Barcelona, um dort zu arbeiten. Er begann schon als Kind zu malen und erinnert sich noch an die erste Zeichnung, mit der er Geld verdiente.

SANTI MOIX:
Pensé en ser pintor por primera vez, cuando debería tener entre cinco o seis años y me tenían que dar un papel y un lápiz para que me callase, porque era la revolución, sí.

Zum ersten Mal dachte ich mit fünf oder sechs Jahren daran, Maler zu werden. Man musste mir Bleistift und Papier geben, um mich ruhig zu stellen, denn ich war die Revolution, ja.

Y después la primera persona que me compró un dibujito por 50 pesetas; y me sentí muy bien y pensé que a alguien le podía interesar lo que hacía, ¿no?

Und als mir dann zum ersten Mal jemand eine kleine Zeichnung für 50 Peseten abkaufte, fühlte ich mich sehr gut und dachte mir, dass es wohl jemanden geben könnte, der sich für meine Sachen interessiert.

Santis Arbeiten bestechen durch ihren Sinn für Humor – *el sentido del humor*.

SANTI MOIX:
El arte español se diferencia del arte catalán yo diría principalmente en el sentido del humor.

Die spanische Kunst unterscheidet sich von der Kataloniens vor allem in der Art des Humors, würde ich sagen.

Y mi método de pintar o mi preocupación serían dos cosas fundamentales también, sería no perder el sentido del humor en la pintura, conservarlo, que no siempre lo consigo; y segundo, un poco enfocado como si fuese un circo, desde especies raras, desde formas zoomórficas, botánicas, a personajes que aparecen y desaparecen.

Bei meinem Malstil oder meinem Anliegen gäbe es zwei wesentliche Dinge: in der Malerei nicht den Sinn für Humor zu verlieren, ihn zu bewahren, was ich nicht immer schaffe; und zum zweiten, die Malerei wie einen Zirkus aufzufassen, mit seltsamen Geschöpfen, Flora oder Fauna, bis hin zu Personen, die auftauchen und wieder verschwinden.

Welche katalanischen Maler haben Santi beeinflusst?

SANTI MOIX:

Los catalanes, yo diría por orden Ramón Casas para el dibujo, Nonell.
Después, como hijo adoptivo catalán, Picasso; y por no tener miedo y desarrollar toda la potencia imaginativa y ser muy intemporal, Miró, Miró y Miró, sí.

Von den Katalanen vor allem Ramón Casas als Zeichner, und Nonell.
Dann der katalanische Adoptivsohn Picasso und, weil er keine Angst hatte und das gesamte kreative Potenzial entwickelte, und zeitlos ist, Miró, Miró und Miró, ja.

Miró, Picasso – weltberühmte Künstler. Weniger bekannt ist Josep Lluís Sert, Architekt des Miró-Museums. Sein Entwurf aus den 70er Jahren beeinflusste die Architekten Antoni Poch und Jordi Moliner nachhaltig. Die beiden träumen davon, den Stil des Modernismus (Jugendstil) fortzuführen.

ANTONI POCH:

Nosotros nos conocimos hace veinte años aproximadamente, cuando empezábamos a estudiar arquitectura. El primer día de escuela, entonces, Jordi y yo coincidimos y nos sentamos juntos uno al lado del otro, ¿no? Entonces al cabo de unos días, pues, supimos que los dos éramos de Badalona y a partir de aquí iniciamos nuestra relación.

Wir lernten uns vor etwa 20 Jahren kennen, als wir anfingen, Architektur zu studieren. Bei der ersten Vorlesung saßen Jordi und ich zufällig nebeneinander. Ein paar Tage später stellte sich dann heraus, dass wir beide aus Badalona kommen und da begann unsere Freundschaft.

Auch beruflich haben sich Antoni und Jordi in Badalona niedergelassen, einer modernen Stadt nördlich von Barcelona. Architektur ist für die beiden wie eine Sprache – *la arquitectura es como un lenguaje.*

JORDI MOLINER:
De hecho, la arquitectura es como un lenguaje y tiene también reglas de ortografía y reglas gramaticales.
Ése lenguaje debe ser coherente – si hablas inglés, debes hablarlo bien; si hablas arquitectura, debe estar bien hablada.

Die Architektur ist tatsächlich wie eine Sprache. Sie hat Orthografie- und Grammatikregeln.
Diese Sprache muss stimmig sein. Wenn du Englisch sprichst, solltest du es richtig sprechen. Wenn du „Architektur sprichst", muss sie gut gesprochen sein.

Ihre architektonische „Sprache" erläutern sie am Beispiel eines Umbaus in Badalona.

JORDI MOLINER:
Bueno, ahora estamos llegando a la biblioteca de Can Casacuberta, que es un edificio que se construyó a principios de siglo y era una antigua fábrica. En nuestro caso se nos encargó rehabilitarla para instalar una biblioteca.

Hier kommen wir zur Bibliothek von Can Casacuberta. Das Gebäude wurde Anfang des Jahrhunderts erbaut. Es war früher eine Fabrik und wir erhielten den Auftrag, es umzubauen, um darin eine Bibliothek einzurichten.

Esto es la parte nueva, en la que encontramos un gran artesano que la pudo reformar.

Das ist der neue Teil, für den wir einen sehr fähigen Kunsthandwerker fanden, der ihn restaurieren konnte.

El edificio antiguamente tenía una cubierta de teja totalmente pinchada por chimeneas antiguas de la fábrica y que habían deteriorado la pureza del espacio.

Das Gebäude war ursprünglich ganz mit einem Ziegeldach versehen, durch das die alten Fabrikschornsteine hindurchgingen und damit die Reinheit des Ortes zerstört hatten.

Ein viel größeres Projekt war der Entwurf des neuen Gerichtsgebäudes von Badalona.

ANTONI POCH:
El edificio de los juzgados se ha situado dentro de una trama urbana muy aglutinada de edificios, ¿no? Para nosotros era como hacer el Ayuntamiento. Es un edificio público que merecía este carácter de representatividad de la ciudad.

Tiene seis plantas, cuando en realidad desde el exterior parece que tenga cuatro, ¿no? Es del color natural de la piedra de San Vicents, que es un gris bastante claro. A partir de aquí el edificio se descompone en dos alas, que responden al programa de los propios juzgados y a un gran espacio central que las articula entre las dos calles adyacentes, ¿no?

Das Gerichtsgebäude ist in einen bereits sehr dicht bebauten Stadtteil eingefügt worden. Für uns war das so wie der Bau eines Rathauses. Es handelt sich ja um ein öffentliches Gebäude, das die Stadt angemessen repräsentieren soll.

Es umfasst sechs Stockwerke, obwohl es doch von außen so aussieht, als habe es nur vier, nicht wahr? Es hat die natürliche Farbe des Steins von San Vicents, also ein ziemlich helles Grau. Ab hier teilt sich das Gebäude in zwei Flügel, entsprechend der Aufteilung der Gerichte. Ein großer zentraler Platz verbindet die beiden Flügel zwischen den beiden Querstraßen.

Obwohl sie sehr funktionell planen, sehen Antoni und Jordi ihre Bauten als lebendige Dinge, die lachen und weinen können – *pueden reír y llorar.*

ANTONI POCH:
Y un poco estamos en una fase en que creemos que los edificios pueden expresar algo más, pueden reír y llorar, pueden, en fin, expresar, estar inquietos. Hemos hecho cuatro casas que están todas inclinadas, porque están en un suburbio y están en tensión, aguantando por aquí, ¿no?, mirando para allá, porque hay una tensión que se ha de reflejar, ¿no?

Wir sind gerade ein wenig in einer Phase, in der wir glauben, dass Gebäude mehr ausdrücken können. Sie können also lachen und weinen, sich äußern, unruhig sein. Wir haben vier Häuser gebaut, die alle leicht geneigt sind, weil sie am Stadtrand liegen und sich in einem Zustand der Spannung befinden, den sie hier aushalten müssen, während sie nach dort blicken. Denn es gibt nun mal eine Spannung, die man irgendwie widerspiegeln muss, nicht wahr?

In die Gestaltung der Casa Lleal, die die beiden für Silvia und Adrián – ein junges Ehepaar aus Badalona – bauten, brachten sie ihren katalanischen Sinn für Humor ein.

JORDI MOLINER:
Bueno, la Casa Lleal fue una experiencia muy divertida. Es divertido, pero es serio a la vez. Es una vivienda unifamiliar para un matrimonio joven, unas personas de nuestra edad que iniciaban su vida como pareja.

Also die Casa Lleal war eine sehr amüsante Erfahrung. Lustig, aber gleichzeitig auch ernst. Es ist ein Einfamilienhaus für ein junges Ehepaar, zwei Leute in unserem Alter, die damals gerade ihr Leben als Paar begonnen hatten.

SILVIA:
Se empezó a construir, bueno a derribar la que era antigua, en septiembre del año 89 y en octubre del 90 se acabó.

Der Hausbau bzw. erst mal der Abriss des alten Gebäudes begann im September 1989. Und im Oktober 1990 war es fertig.

JORDI MOLINER:
Es una casa que tiene muchos niveles. La casa tiene una escalera en el centro que organiza toda la descomposición de elementos que la rodean: salas de estar, dormitorios, cocina, todo gira alrededor de esta escalera central.

Es ist ein Haus mit vielen Ebenen. In der Mitte des Hauses befindet sich eine Treppe, die die ganze Anordnung der sie umgebenden Elemente bestimmt: Wohn- und Schlafzimmer, Küche, alles dreht sich um diese zentrale Treppe.

ADRIÁN:
La casa funciona, es excelente. La casa tiene un sentido ... La ciudad de Badalona es a veces muy gris, impersonal. Y se entra en esta casa y a veces es como entrar en un mundo totalmente distinto.

Das Haus funktioniert, es ist ausgezeichnet! Das Haus vermittelt so ein Gefühl ... Die Stadt Badalona ist manchmal sehr grau und unpersönlich. Und dann kommt man in dieses Haus und betritt eine vollkommen andere Welt.

Der Bau eines Geschäftszentrums ist zurzeit Antonis und Jordis größter Auftrag. Ihre Kunden bestanden darauf, dass der Komplex in Etappen entsteht und sich harmonisch in die Umgebung einfügt.

JORDI MOLINER:
Fueron las dos cuestiones principales que nos sugirieron la intervención que realizamos para el edificio del Centro de Negocios.

ANTONI POCH:
En un solar de forma de lágrima cerca del mar implantamos un edificio en forma de óvalo.

En el centro del óvalo se sitúa el espacio circular que define el eje principal que es circular, que responde a funciones de sala de actos, de espacios públicos; y un elemento frontal que da fachada al mar y fachada a Barcelona.

Das waren die beiden Hauptvorgaben, die wir bei unserem Entwurf des Geschäftszentrums umgesetzt haben.

Auf einem tränenförmigen Grundstück nicht weit vom Meer bauten wir ein Gebäude in Form eines Ovals.

In der Mitte des Ovals befindet sich ein runder Platz, um den das Gebäude, also die Hauptachse, kreisförmig angelegt ist. Er kann für Veranstaltungen genutzt werden und dient sonst als öffentlicher Raum. Die Vorderfront blickt aufs Meer und auf Barcelona.

Wie gelingt es Jordi und Antoni, so harmonisch zusammenzuarbeiten?

ANTONI POCH:
Muy sencillo, cada uno hace lo que quiere. Es nuestro trabajo en conjunto fruto de tantos años, que nuestro entendimiento es total, ¿no?

Nuestra forma de hacer siempre es la misma, es parecida, o sea que nuestro entendimiento en este sentido es perfecto, no hay problema.

Ganz einfach, jeder macht, was ihm gefällt. Die lange Jahre währende Zusammenarbeit hat es mit sich gebracht, dass wir über ein totales gegenseitiges Verständnis verfügen.

Die Art und Weise, wie wir an Dinge herangehen, ist immer gleich oder ähnlich, das heißt, wir verstehen uns in diesem Sinne perfekt, es gibt keine Probleme.

Von diesem wichtigen Projekt erhoffen sich die beiden Architekten auch internationale Anerkennung.

Einen ganz anderen Traum hat dagegen Santi Moix, der Maler.

SANTI MOIX:
Mi sueño sería que si algún día tuviese un amigo que no tenga nada para comer le pudiera regalar dos cuadros, uno para que lo vendiese y otro para que lo guardase.

Mein Traum wäre es, falls ich eines Tages einen Freund hätte, der nichts zu essen hat, dass ich ihm zwei meiner Bilder schenken könnte, von denen er eins verkaufen und das andere behalten soll.

Und was wünschen sich Antoni und Jordi für ihre Heimat, für Katalonien?

ANTONI POCH:
¿Mi sueño para Cataluña? Pues vivir en paz, que toda la gente se gane la vida, que todo el mundo trabaje, que todo el mundo sea feliz.

Mein Traum für Katalonien? Also, dass wir in Frieden leben, dass alle genug zum Leben haben, Arbeit finden und glücklich sind.

JORDI MOLINER:
Mi sueño para Cataluña es mi sueño para todo el mundo, es el sueño de las no fronteras.

Mein Traum für Katalonien ist mein Traum für die ganze Welt – dass es keine Grenzen mehr gibt.

20 ¡AMÉRICA!

Jeder zehnte US-Amerikaner stammt aus einem spanischsprachigen Land.

FRANCISCO DÍAZ:
A mí me llaman New Yorkrican, porque fui nacido aquí en Nueva York, pero mis padres son de Puerto Rico y allá en la isla me reconocen como New Yorkrican en vez de puertorriqueño.

Man nennt mich „New Yorkricaner", weil ich in New York geboren bin, meine Eltern aber aus Puerto Rico sind. Und dort, auf der Insel sagen sie „New Yorkricaner" statt Puerto Ricaner zu mir.

LIONEL SOSA:
Folks keep on coming in, not only from Mexico and Puerto Rico now but from Central America people are coming in every day.

Es wandern immer neue Leute ein, nicht nur aus Mexiko und Puerto Rico, sondern jetzt auch aus Mittelamerika, jeden Tag kommen welche.

JON RAMÍREZ,
Locutor radiofónico:
San Antonio's número uno Tejano hit station KXTN, Tejano 107 FM; 8.24, veinticuatro minutos después de las ocho de la mañana.

Good morning, good morning, the Tejano 107 morning team …

… Mucho ajo, why have a Caesar Salad if you don't like garlic … extra garlic pickles. Now that sounds mucho garlic!

JON RAMÍREZ,
Radiomoderator:
Hier ist KXTN, Tejano, San Antonios Sender Nummer eins für Tejano-Hits, auf 107; es ist 8 Uhr 24, vierundzwanzig Minuten nach acht.

Guten Morgen, guten Morgen, das Tejano 107 Morgen-Team …

… Viel Knoblauch, warum einen Caesar Salat nehmen, wenn du keinen Knoblauch magst … dazu noch Knoblauchgurken. Das klingt nach viel Knoblauch!

Es gibt in den USA über tausend spanischsprachige Fernsehkanäle und fast 400 Radiosender. Spanisch, ganz gleich in welcher „Form", hört man überall.

Amerika war immer das Land des „big business". Und die Hispanoamerikaner sind inzwischen ein wichtiger Wirtschaftsfaktor. In San Antonio, Texas, befindet sich die größte spanischsprachige Werbeagentur der Vereinigten Staaten: Sosa, Bromley, Aguilar & Associates.

LIONEL SOSA:

In the United States there are about 25 million Hispanics. That's as many Hispanics in the US as there are Canadians in Canada, it's a very, very big market. If this were a Latin American country it would be Latin America's fifth largest country and it would be the richest.

In den USA gibt es 25 Millionen Hispanoamerikaner. Das heißt, es leben so viele Hispanoamerikaner hier wie Kanadier in Kanada. Es ist ein sehr, sehr großer Markt. Wenn wir ein lateinamerikanisches Land wären, dann wäre dies das fünftgrößte Land Lateinamerikas und noch dazu das reichste.

The impact of Hispanics and other minorities in America is actually changing the face of this country. But the Spanish were here 125 years before the English.

Durch den Einfluss der Hispanoamerikaner und anderer Minderheiten verändert sich das Gesicht des Landes. Aber die Spanier waren schon 125 Jahre vor den Engländern da.

This city is not named Saint Anthony, it's San Antonio and there's a reason for it. It is a Hispanic heritage that is all over this country, not only in the southwest but virtually all over every state in the US.

Diese Stadt heißt nicht Saint Anthony, sondern San Antonio, und das hat seine Gründe. Auf das spanische Erbe stößt man überall in diesem Land, nicht nur im Südwesten, sondern praktisch in jedem US-Bundesstaat.

Aber wie leben junge Hispanoamerikaner in dem Teil der USA, der einst zu Mexiko gehörte? Nehmen wir zum Beispiel die Popgruppe „Tormenta". Alle Mitglieder sind amerikanische Staatsbürger und dennoch sind sie stark in ihrer hispanoamerikanischen Identität verwurzelt. Sie träumen davon, es in der Tejano-Musiksparte weit zu bringen.

JULIO MORALES:

La música tejana, o sea siendo la música en español, dice mucho, las palabras ..., precisamente lo que se dice.

Die Tejano-Musik, also Musik in spanischer Sprache, sagt viel aus, die Wörter ..., also eben, was gesagt wird.

Al español puede uno echarle todo el corazón o no puede echarle nada; o sea con toda la música, ¿verdad?

Ins Spanische kann man sein ganzes Herz hereinlegen oder man kann gar nichts reinlegen; aber so ist es doch mit jeder Musik, nicht wahr?

JON RAMÍREZ:
'Tormenta' – un grupo muy, muy fascinante, es nuevo en la onda tejana, tienen dos LPs en la marketa y graban para la etiqueta Capital EMI.

„Tormenta" – das ist eine ganz faszinierende Band. Sie sind neu in der Tejano-Szene. Sie haben schon zwei LPs aufgenommen, unter dem Label von Capital EMI.

They're, young, they're vibrant, muy excitante, es verdad, y es un grupo que tiene bastante futuro en la onda tejana.

Sie sind jung, schwungvoll, wirklich aufregend. Eine Gruppe mit großer Zukunft in der Tejano-Szene.

Die Musik ist ein hartes Geschäft mit viel Arbeit. Vor jedem Auftritt proben die Band-Mitglieder einen ganzen Tag. Die Probe – *el ensayo*.

Ismael: ¿Podemos vernos para el ensayo ahora?
Chuy: Pues, ¿a qué día estamos hoy?
Ismael: Ahora es lunes.
Chuy: Mejor el martes. ¿Cómo te parece el martes?
Gilberto: El martes no puedo yo. Me va mejor el miércoles.
Ismael: ¿Como a qué hora el miércoles?
Gilberto: ¿Por la tarde?
Ismael: Por la tarde.
Gilberto: Sí.

Ismael: Können wir uns jetzt zur Probe treffen?
Chuy: Welcher Tag ist heute?
Ismael: Heute ist Montag.
Chuy: Dienstag ist besser. Was hältst du von Dienstag?
Gilberto: Am Dienstag kann ich nicht. Mir ist der Mittwoch lieber.
Ismael: Um wie viel Uhr ungefähr am Mittwoch?
Gilberto: Am Nachmittag?
Ismael: Am Nachmittag.
Gilberto: Ja.

Tejano-Musik wird fast immer auf Spanisch gesungen. Aber wie ist das in einer Stadt wie San Antonio, wo die meisten Hispanoamerikaner zweisprachig sind? Welche Sprache sprechen sie wann?

ISMAEL HERNÁNDEZ:
Bueno, en la casa con mis padres hablo español siempre. Pero para negocios aquí en Texas y cuando vamos a gira o en el escenario, es más bien inglés.

JON RAMÍREZ:
We have acculturated and assimilated so much into the American culture that we do the majority of our thinking and speaking in English and the other 20 to 30% in Spanish.

You know, our parents were from Mexico, we were born in the United States, but we still wanted to keep some of our culture, nuestra cultura, entonces escogimos una música que es muy parecida a la música mexicana, pero tiene ..., but it's got a bit of a slant, a bit of an angle ... and it's something that the younger Mexican-American can enjoy. It's like our music. It's like rock'n'roll belonged to the kids of the 50's and 60's.

Zu Hause, mit meinen Eltern, spreche ich immer Spanisch. Aber im Geschäftsleben hier in Texas oder wenn wir auf Tour gehen oder auftreten, reden wir eher Englisch.

Wir sind so sehr in der amerikanischen Kultur aufgegangen, haben uns so sehr integriert, dass wir meist Englisch denken und sprechen und nur zu 20 bis 30% Spanisch.

Unsere Eltern kamen aus Mexiko, und wir wurden in den USA geboren, wollten aber doch etwas von unserer Kultur beibehalten. Deshalb haben wir uns eine Musik ausgesucht, die der mexikanischen sehr ähnlich ist, die aber ein bisschen schräg ist ... und mit der die jungen Mexiko-Amerikaner etwas anfangen können. Das ist sozusagen unsere Musik. So wie der Rock'n' Roll die Musik der Jugend der 50er und 60er Jahre war.

Die Puerto Ricaner haben ihre eigene Musik, die in New Yorks „Spanish Harlem" immer noch populär ist.
Das Leben im Viertel – *el barrio* – hat sich im Lauf der Jahre verändert, und heute sehen sich die Puerto Ricaner vor neuen Herausforderungen. Francisco Díaz versucht, in der Gemeinde etwas zu verändern.

FRANCISCO DÍAZ:
Es una lucha para mí, porque veo la droga cuando salgo del trabajo, veo niños y jóvenes envuelto en ese ambiente y pues hay un sufrimiento en mi corazón.

Für mich ist das ein Kampf, denn ich sehe die Drogen, wenn ich von der Arbeit komme, ich sehe Kinder und Jugendliche in dieser Umgebung und mein Herz tut weh.

La lucha mía constantemente es tratar de cambiar y mejorar las condiciones para que nuestra gente no esté sufriendo de lo que está ocurriendo aquí ahora en la comunidad.	Mein ständiger Kampf besteht darin, dass ich versuche, die Lebensbedingungen zu ändern und zu verbessern, damit unsere Leute nicht so sehr an dem leiden, was hier in der Gemeinde vor sich geht.

Aber wie groß ihre Probleme auch sein mögen, die Puerto Ricaner holen sich Kraft aus ihrer Musik. So auch die New Yorker Salsa-Band „Cruz Control" mit ihrem Boss und Namenspatron Ray Cruz.

RAY CRUZ:
Cuando oía Tito Puente, Tito Rodríguez y Marchito, rápido quería yo bailar. Mi tía me enseñó a bailar, ella era bailarina y me enseñó a mí a bailar, y siempre quería poner los discos de esa gente en esa época, y siempre oía de los días del Palladium. Por eso ahora formé el grupo este 'Cruz Control'.	Wenn ich früher Tito Puente, Tito Rodríguez und Marchito hörte, wollte ich sofort anfangen zu tanzen. Meine Tante brachte mir das bei, sie war Tänzerin und lehrte mich zu tanzen. Ich wollte immer Platten von den Leuten aus jener Zeit auflegen und hörte immer von den Tagen des „Palladium". Deshalb habe ich jetzt die Gruppe „Cruz Control" gegründet.

LUIS BASO:
Nuestra música tiene mucho sentido, mucho corazón y también sobrevive.	Unsere Musik hat viel Gefühl und Herz. Und sie wird bestehen bleiben.

TOMASO:
La música es una expresión artística de nuestra cultura, que si le ponemos oídos, si les prestamos oídos a las líricas, a las palabras, van describiendo lo que está pasando en la sociedad latina, la sociedad de nosotros – nuestra cultura.	Die Musik ist ein künstlerischer Ausdruck unserer Kultur. Wenn wir den Liedtexten genau zuhören, den Worten, so beschreiben sie, was in der lateinamerikanischen Gesellschaft vor sich geht, unserer Gesellschaft – unserer Kultur.

Y hay diferentes expresiones, pueden ser de amor, pueden ser de tiempos duros, pueden ser de tiempos prósperos, la pobreza, empleo o desempleo. O sea que todo lo que está pasando social en nuestra cultura se expresa en nuestra música.

Und es gibt verschiedene Ausdrucksformen, die Texte können von Liebe handeln, von schlechten Zeiten und von guten Zeiten, von Armut, von der Arbeit und von der Arbeitslosigkeit. Das heißt, alles, was auf sozialer Ebene in unserer Kultur passiert, spiegelt sich in unserer Musik wider.

Wie sieht der amerikanische Traum der Hispanoamerikaner aus?

FRANCISCO DÍAZ:
Bueno, el sueño mío es que los hispanos puedan tener una mejor educación para que puedan desarrollar oportunidades para las generaciones que vengan.

Mein Traum ist es, dass die Hispanos eine bessere Schulbildung bekommen, damit die nachfolgenden Generationen einmal bessere Chancen haben.

TOMASO:
Reconocimiento y respeto internacional, ¿okey? Y ganar mucho dinero también, como hacen en otras líneas, en otros giros de música.

Internationale Anerkennung und Respekt. Und auch viel Geld zu verdienen, so wie es in anderen Sparten des Musikgeschäfts möglich ist.

RAY CRUZ:
Lo que falta es el CD, eso es lo que falta.

Was fehlt, ist die CD. Das fehlt noch.

LUIS BASO:
Bueno, mi sueño para los hispanos en los Estados Unidos sería que nunca olviden su cultura y los antepasados. ¡Ya!

Ich erträume mir für die Hispanos in den Vereinigten Staaten, dass sie niemals ihre Kultur und ihre Vorfahren vergessen. Das ist es!